KB061014

성^性의
역사 1

지식의
의지

나남
nanam

지은이

미셸 푸코(Michel Foucault) 1926년 프랑스 푸아티에에서 태어났다. 철학, 심리학, 정신병리학을 연구하여 1984년 사망할 때까지 콜레주 드 프랑스 등 세계 여러 대학에서 강의했다. 저서로는 《고전주의 시대의 광기의 역사》, 《병원의 탄생》, 《말과 사물》, 《지식의 고고학》, 《감시와 처벌: 감옥의 탄생》, 《성의 역사》(총 4권)이 있다.

옮긴이

이규현 서울대 불어불문학과 졸업, 동 대학원 박사. 프랑스 부르고뉴대에서 1년간 수학(철학 DEA 취득). 서울대, 덕성여대 강사. 현재 서울대 강사. 역서로는 《광기의 역사》, 《기호의 정치경제학 비판》, 《알코올》, 《삼총사》, 《꼬마 푸세의 가출》, 《프로이트와 문학의 이해》, 《헤르메스》, 《사랑의 역사》 등이 있다.

나남신서 136

성性의 역사 1: 지식의 의지

1990년 2월 10일 초판 발행	2003년 6월 5일 초판 15쇄
2004년 6월 15일 재판 발행	2009년 7월 5일 재판 5쇄
2010년 11월 15일 3판 발행	2019년 3월 5일 3판 8쇄
2020년 7월 5일 4판 발행	2024년 11월 15일 4판 2쇄

지은이_ 미셸 푸코
옮긴이_ 이규현
발행자_ 趙相浩
발행처_ (주) 나남
주소_ 10881 경기도 파주시 회동길 193
전화_ (031) 955-4601 (代)
FAX_ (031) 955-4555
등록_ 제 1-71호(1979. 5. 12)
홈페이지_ http://www.nanam.net
전자우편_ post@nanam.net

ISBN 978-89-300-4016-7
ISBN 978-89-300-8655-4 (세트)

책값은 뒤표지에 있습니다.

나남신서 136

성의 역사 1

성^性의 역사 1

지식의
의지

미셸 푸코 지음 | 이규현 옮김

Histoire de la sexualité

La volonté de savoir

de savoir

나남
nanam

Histoire de

Histoire de la sexualité 1
La volonté de savoir

by Michel Foucault

차례

성의 역사 전4권

일러두기

1. 저자의 원주는 1, 2, 3… 으로 표시하였다. 원서에서는 매 면마다 새 번호를 매겼으나 이 책에서는 절을 단위로 일련번호를 매겼다.

   역자 주는 원주와 함께 일련번호를 매기되 '*' 표시를 하여 구분하였다.

2. 이 책에서 작은따옴표(' ')가 달려 있는 부분은 원서에 이탤릭체로 표기된 부분이다.

   원서의 '« »'는 이 책에서 큰따옴표(" ")로 표기하였다.

제 1 장

우리, 빅토리아 여왕
시대풍의 사람들

우리는 빅토리아 여왕 시대풍의 체제를 오랫동안 감내해 왔을지 모르고 오늘날에도 여전히 짊어지고 있을지 모른다. 정숙한 티를 내는 황실皇室 여자는 우리의 억제되고 조용하고 위선적인 성생활을 표상하는 인물일지 모른다.

17세기 초까지만 해도 사람들이 자신의 성생활을 어느 정도 솔직하게 표현하는 것이 일반적이었다. 성적 행동을 그다지 감추려고 하지 않았고, 성에 관해 극도로 조심스럽게 말하지는 않았고, 성적인 이야기를 지나치게 에둘러대지 않았고, 부정不貞에 대해 무람없는 관용의 태도를 내보였다. 상스러운 것, 음란한 것, 추잡한 것의 코드가 19세기에 비해 매우 느슨했다. 노골적인 몸짓, 부끄러운 줄 모르고 아무렇게나 내뱉는 말, 누가 보는데도 아랑곳하지 않고 저지르는 위반, 노출되고 쉽게 섞이는 나신裸身들, 어른들의 호탕한 웃음 사이로 아무런 거리낌 없이 돌아다니는 개구쟁이 어린이들. 육체가 "공작孔雀의 꼬리처럼 찬란하게 펼쳐졌다".

그러다가 어느 날 갑자기 황혼이 깃들고 급기야 빅토리아 여왕 시대 부르주아지의 단조로운 어둠이 닥쳐오게 된다는 것이다. 그렇게 되어 성생활은 새로운 공간에 빈틈없이 유폐된다. 부부중심의 가족이 성생활을 독점하고, 성생활을 철저하게 생식生殖기능의 관점으로만 바라본다. 성을 중심으로 침묵이 감돈다. 부부는 합법적이고 생식력이 있기 때문에 지배자처럼 군림한다. 즉, 본보기로 인정받고, 규범을 돋보이게 하고, 진실을 보유하고, 비밀 엄수를 전제로 말할 권리를 갖는다. 각 가정의 심처深處에서와 마찬가지로 사회의 공간에서도, 공인된 데다가 공리적이고 아기들을 낳는 성생활의 유일한 장소는 부부의 침실이다. 이 장소 이외의 곳은 가려져야만 하는데, 그런 곳에서는 신체 접촉을 삼가는 것이 예절바른 태도로 권장되고, 점잖은 말로 담론談論이 표백된다. 그리고 불임不姙이 너무 오래 지속되거나 너무 눈에 띄게 되면 비정상적인 것으로 간주된다. 즉, 비정상의 지위를 부여받게 되고 그 대가를 치르지 않을 수 없게 된다.

생식기능에 부합하지 않거나 생식기능에 의해 미화美化되지 않는 것은 더 이상 발붙일 곳이 없다.[1] 더 이상 목소리도 없다. 내몰리고 거부되고 침묵으로 귀착한다. 그런 것은 존재하지 않을 뿐만 아니라, 존재해서도 안 되며, 행동이건 말이건 조금이라도 그런 기미가 있으면 사라지게 된다. 예컨대 어린이에게는 잘 알다시피 성性이 없는데, 어린이에게 성을 금기시하는 이유, 어린이가 성에 관해 말하는 것을 금지하는 이유, 어린이가 뭔가 성적인 말이나 행동을 내보일 개연성이 있는 경우에는 언제 어디에서나 눈을 감고 귀를 막는 이유, 전반적으로 침묵을 집요하게 강요하는 이유는 바로 여기에 있다. 이런 것이 억압의 속성, 또한 형법에 의해 유지될 뿐인 금기로부터 억압을 구별짓는 요소일지 모른다. 이에 의하면 억압은 사라지라고 정죄定罪하는 것으로뿐만 아니라 침묵하라는 명령, 실재하지 않는다는 단언, 따라서 그모든 것에는 말할 것도 볼 것도 알 것도 없다는 확증으로 작용한다. 이런 식으로 균형을 잃고 위선의 논리에 빠진 부르주아 사회는 어쩔 수

---

[1]　* 원문은 n'a plus ni feu ni loi로 되어 있는데, 문맥상 loi는 lieu의 오자일지 모른다. 그러면 '집도 절도 없다'는 의미가 되어 문맥에 들어맞는다. 또는 feu가 foi의 오자일지도 모르는데, 이 경우에는 '반종교적이고 비도덕적이다'라는 의미가 된다.

없이 몇 가지 타협을 하게 된다. 비합법적 성생활에 정말로 자리를 내줄 필요가 있다면, 다른 곳에서, 즉 생산의 회로가 아니라면 적어도 이윤의 회로로 편입될 수 있는 곳에서 소동이 일도록 하라. 유곽과 요양원은 이와 같은 허용의 장소가 된다. 즉, 스티븐 마커스2라면 "또 다른 빅토리아 여왕 시대의 사람들"이라고 말할 창녀와 고객과 포주抱主, 정신과 의사와 히스테리 환자는 발설되지 않는 쾌락을 계산되는 사물의 영역으로 은밀히 넘어가게 한 듯한데, 그들 사이에서 암암리에 허용되는 말과 행위는 비싼 값으로 거래된다. 오직 거기에서만 야생의 성은 실재적으로, 그렇지만 섬처럼 드문드문 모습을 내보일 수 있거나, 은밀하고 한정되고 암호화된 유형의 담론으로 이야기될 수 있을지 모른다. 다른 곳에서는 근대의 청교도 윤리에 의해 금지, 부재, 침묵이 3중의 명령으로 성에 부과되었을지 모른다.

우리는 성의 역사를 우선 억압 증대의 역사로 해석해야 할 그 오랜 두 세기로부터 벗어난 것일까? 아주 조금밖에 벗어나지 못했다는 말이 여전히 들려온다. 그것은 아마 프로이트 덕분이었을 것이다. 그러나 가장 안전하고 이목을 끌지 않는 공간으로까지 퍼져나가는 성의 "범람"에 대한 두려움을 불식시키고 정신분석에서의 환자용 침상과 여전히 침대 위에서의 유익한 소곤거림인 담론 사이에 성의 모든 것을 붙들어놓기 위해서는 얼마나 많은 조심성과 의학적 신중함, 그리고 무해하다는 과학적 보증과 대비책이 필요했을 것인가. 사정이 다를

---

2 * Stephen Marcus. 컬럼비아대학 교수로서, 《또 다른 빅토리아 여왕 시대의 사람들》(1966) 을 썼다.

수 있었을까? 만일 고전주의 시대부터 억압이 권력, 지식, 성생활 사이에 맺어지는 관계의 기본 양상이라면 누구나 상당한 대가를 치러야만 억압에서 벗어날 수 있다는 설명이 우리에게 제시되고 있다. 적어도 법의 위반, 금기의 제거, 갑작스러운 말의 범람, 실질적인 쾌락의 복권復權, 그리고 권력 메커니즘에서의 새로운 구조 전체가 필요할지 모르는데, 왜냐하면 아무리 사소한 진실일지라도 정치적 조건의 영향을 받기 때문이다. 그러므로 설령 엄밀한 것이라 할지라도 의료의 실천이나 이론적 담론만으로는 이와 같은 결과를 기대할 수 없다. 그래서 프로이트의 순응주의, 정신분석의 규범화 기능, 독일 제국의 커다란 격앙激昻 아래 숨겨진 그토록 분명한 소심증, 그리고 성의 "과학"에 의해서나 성의학性醫學3의 기껏해야 수상쩍을 뿐인 임상 경험에 의해 보증된 온갖 통합 효과가 모조리 비난의 대상으로 변한다.

근대에 이르러 성性이 억압되었다는 담론은 분명히 계속되고 있다. 이는 아마 주장하기가 쉽기 때문일 것이다. 이 담론은 역사적으로나 정치적으로나 엄숙하게 보증되고, 누구나 수백 년에 걸친 대담하고 자유로운 표현의 시기에 뒤이어 17세기에 억압의 시대가 출현했다고 하면서 이 담론이 자본주의의 발전과 시기를 같이한다고 생각한다. 이 담론은 부르주아 질서와 일체가 되어 있을지도 모른다. 성과 성에 관

---

3 * sexologie. 1973년 프랑스에서 "임상 성의학 협회"의 창설로 공식화된 분야. "성"에 관한 전통적 담론(예컨대 병리학적이고 도덕적인 크라프트-에빙의 저서)과 결별하고 "성"을 새롭게 이해하려는 태도에 근거를 두고 있다는 점에서, 성적 쾌락의 증대에 부응하려는 동향, 성에 대한 실용주의적 접근, 전통 의학과 정신분석 사이에 위치하는 분야로 규정할 수 있다.

한 타박의 짧은 역사가 곧장 생산양식의 엄숙한 역사로 변하고, 성에 대한 경시 현상이 사라져 버린다. 성을 설명하려는 논리가 이 사실 자체로부터 점점 구체화되어 간다. 즉, 성을 그토록 엄격하게 억압하는 이유는 성이 전반적이고 집약적인 노동력의 동원과 양립할 수 없기 때문이라는 것이다. 노동력이 조직적으로 착취되는 시대에 노동력의 재생산을 허용하는 최소한으로 한정된 쾌락 이외의 다른 쾌락 때문에 노동력이 허비되는 것을 용인할 수 있었을까? 성과 성의 영향은 아마 읽어내기가 쉽지 않을 터인 반면에, 이것들에 대한 억압은 이처럼 표현될 수 있는 만큼 쉽게 분석된다. 그리고 성에 관한 명분, 가령 성의 자유뿐만 아니라 성에 관한 인식과 성에 관해 말할 권리라는 명분은 아주 당연히 정치적 명분의 존중과 관련되어 있다. 따라서 성 또한 미래의 전망 속으로 이끌려 들어간다. 아마 성에 관한 이야기를 그토록 막강한 대부代父와도 같은 것으로 만들려는 그토록 많은 대비책에는 성을 부끄러워하는 아주 오랜 태도의 흔적이 남아 있지 않을까 자문하는 사람도 있을지 모른다. 마치 그러한 담론이 말해지거나 받아들여지기 위해서는 이와 같이 서로의 가치를 높이기라도 해야 하는 듯하다.

그러나 성과 권력의 관계를 억압적인 것으로 말하는 것이 우리에게 그토록 만족감을 주게 되는 데에는 아마 또 다른 이유가 있을 것인데, 그것은 그렇게 주장함으로써 이익이라고 할 만한 것을 얻을 수 있다는 점이다. 성이 억압된다면, 다시 말해서 금지와 부재와 침묵에 귀착할 수밖에 없다면, 성에 관해 말하고 성의 억압에 관해 말한다는 사실만으로도 대단한 위반의 몸짓이 될 수 있다. 그렇게 말하는 사람은 어느 정도 권력에 대항하여 권력 밖에서 법을 위반하고 미래의 자유를 어느 정도 예견하는 입장에 놓이게 된다. 오늘날 성에 관해 말할 때의 엄숙함은 이로부터 연유한다. 최초의 인구통계학자들과 19세기의 정신의학자들은 성을 환기할 필요가 있을 때, 몹시 저급하고 쓸데없는 주제에 독자의 관심을 붙잡아두는 것에 대해 용서를 구해야 했다. 이와는 정반대로 우리는 수십 년 전부터 성에 관해 이야기할 때 거의 언제나 약간 당당한 태도, 즉 기존의 질서에 도전한다는 의식, 스스로 전복적顚覆的이라는 것을 알고 있음을 표시하는 어조語調, 현재를 넘어서서 미래를 앞당기려는 조급한 열정을 내보인다. 반항, 약속된 자유, 가까이 다가온 또 다른 법의 시대와 같은 말이 성의 억압에 관한 담론으로 쉽게 넘어간다. 이러한 과정에서 그 옛날 예언자의 어조 같은 것이 활발히 되살아난다. 내일이면 만나리 즐거운 성을. 우리 중의 대부분이 웃음거리가 될지도 모른다는 걱정이나 씁쓸한 역사 때문에 쉽게 연결시키지 못하는 것, 즉 혁명과 행복, 혁명과 더 새롭고 더 아름다운 다른 육체, 또는 혁명과 쾌락이 은연히 공존할 수 있게 되는 것은 바로 성의 억압이 단언되기 때문이다. 권력에 항변하는 것, 진실을 말하고 성적 쾌락을 약속하는 것, 계몽과 해방 그리고 증대된 관능적 쾌락을 서로 연결시키는 것, 지식에 대한 열정과 법을 변화시키려는 의지, 그리고 기대된 환락의 동산이 서로 연결되는 담론을 행하는 것 ― 이 모든 것은 아마 성의 억압을 집요하게 이야기하는 우리의 성향에 밑받침이 될 것이고, 어쩌면 우리가 성에 관해 이야기하는 모든 것의 상품가치뿐만 아니라 성의 영향을 걷어내고자 하는 사람들에게 그저 귀를 기울이는 행위의 상품가치를 설명해줄 것이다. 요컨대 우리의 문명은 모든 사람이 자신의 성에 관해 털어놓는 속내 이야기를 담당자들4이 주의 깊게 들어주고 보수를 받는 유일한 문명이다. 즉, 성에 관해 말하고 싶다는 욕구와 그러한 말에서 기대할 수 있는 이익이 넘쳐나기라도 하듯이, 심지어 어떤 사람들은 귀를 기울여주고 돈을 받기까지 했다.

그러나 내가 보기에 이와 같은 경제적 파급효과보다 더 중요한 것은 성, 진실의 계시, 세상의 법 전체의 전복顚覆, 새로운 날의 도래에 대한 예고, 어떤 지고至高한 행복의 약속이 함께 연결되어 있는 담론이 우리의 시대에 실재한다는 사실이다. 오늘날 서양에서 그토록 친숙하고 중요한 설교의 오래된 형태에 대해 매체의 구실을 하는 것은 바로 성이다. 설교에 능한 신학자들과 대중적인 설교의 목소리들이 성에 관해 행한 강론은 몇십 년 전부터 우리 사회에 폭넓게 퍼져나가면서, 낡은 질서를 통렬하게 비난했고, 위선을 고발했고, 지금 여기에서의 삶과 현실의 권리를 찬양했고, 또 다른 이상 사회를 꿈꾸게 했다. 프란체스코회 수도사나 수녀를 떠올려보자. 그리고 오랫동안 혁명의 계획에 수반된 서정성과 종교심이 어떻게 서양의 산업사회에서 일정 부분 성에 적용될 수 있었는지 자문해 보자.

따라서 억눌린 성의 관념은 이론의 문제일 뿐만이 아니다. 사업과 계산에 바쁜 위선적인 부르주아 시대에 성생활이 가장 엄격한 예속상태에 놓였을 것이라는 주장은 성에 관해 진실을 말하고 현실에서 성의 경제를 변모시키고 성을 규제하는 법을 무너뜨리고 성의 미래를 변화시키려는 담론의 과장된 말투와 쌍을 이룬다. 억압의 언표言表와 설교의 형태는 상호관계를 갖고 서로 힘을 보탠다. 성은 억압받지 않는다

---

4 * 여기에는 정신분석가와 정신과 의사가 포함된다.

고 주장하거나 더 정확히 말해서 권력은 성을 억압하지 않는다고 말하는 것은 어떤 실제적인 성과도 가져다주지 않는 역설逆說에 불과할 위험이 있다. 그것은 분명히 받아들여진 주장을 거스르는 것으로 보일 뿐만 아니라 성의 경제 전체 또는 이 경제의 기반이 되는 다분히 산발적인 모든 "이익"과 배치될지 모른다.

내가 일련의 역사적 분석을 설정하고자 하는 곳은 바로 이와 같은 지점인데, 이 책은 내가 앞으로 실행할 분석의 서론 겸 최초의 개관 같은 것, 즉 역사적으로 의미심장한 몇몇 시점의 조사와 몇 가지 이론적 문제의 개괄적 설명이다. 요컨대 한 사회의 사례를 검토하는 것이 문제인데, 그 사회에서는 100여 년 전부터 사람들이 사회의 위선을 요란하게 비난하고 사회의 침묵에 관해 장황하게 이야기하고 사회가 말하지 않는 것을 상세히 논하는 데 열중하고 사회가 행사하는 권력을 규탄하고 사회의 기능이 원활하도록 해주는 법으로부터의 해방을 약속한다. 나는 이와 같은 담론뿐만 아니라 이것을 지탱하는 의지와 이것을 옹호하는 전략적 의도도 한번 살펴보고자 한다. 내가 제기하려고 하는 물음은 '왜 우리가 억압받는가'가 아니라, '왜 우리가 우리의 가까운 과거와 현재 그리고 우리 자신에 대해 그토록 커다란 열정과 강렬한 원한을 품고서 스스로 억압받고 있다고 말하는가'이다. 어떤 나선형 경로를 통해 우리는 성을 명확한 말로 표명하고 성의 가장 적나라한 실체를 드러내려 애쓰고 성의 힘과 영향을 적극적으로 확언하면서도, 성이 부정된다고 단언하고 우리가 성을 감춘다는 것을 보란 듯이 지적하고 우리가 성을 침묵으로 몰아간다고 말하기에 이르렀을까? 왜 그토록 오랜 세월 동안 성性과 죄罪가 서로 밀접하게 연결되었는가

하고 자문하는 것은 확실히 정당하다. 이 연결이 어떻게 성립되었는 가도 또한 살펴보아야 할 것이고, 성이 "단죄되었다"고 일괄적으로 성급하게 말하지 않도록 삼가야 할 것이며, 왜 우리가 예전에는 성을 죄악시했다가 오늘날에는 이에 대해 매우 강한 죄의식을 느끼고 있는가도 자문해야 할 것이다. 어떤 노정路程을 통해 우리는 성에 대해 "잘못을 범하게" 되었을까? 그리고 어떤 노정을 통해 우리는 권력의 남용 때문에 성에 대해 "죄를 저질렀다"고 오늘날까지 오랫동안 자인할 정도로 몹시 특이한 문명을 이룩하게 되었을까? 성의 원죄적 성격으로부터 우리를 해방하는 길이라고 주장되면서도, 바로 이 비난받아 마땅한 성격을 상상하고 이와 같은 믿음에서 파멸적 결과를 끌어내는 것이었을지 모르는 커다란 역사적 과오로 우리를 짓누르는 이러한 변화는 어떻게 이루어졌을까?

오늘날 그토록 많은 사람이 성에 관해 이처럼 억압의 실재를 확언하는 것은 억압이 역사적으로 명백한 것이기 때문이라고, 또한 그들이 아주 오래전부터 그토록 자주 억압에 관해 말하는 것은 억압이 깊이 뿌리를 내리고 있을 뿐 아니라 그저 비난만으로는 우리가 억압에서 해방될 수 없을 정도로 가혹하게 성이 억압되어 있기 때문이라고들 나에게 말할 것이고, 그런 만큼 우리의 작업은 길어질 수밖에 없다. 권력, 특히 우리 사회에서 작용하는 것과 같은 권력의 속성은 억압적인 것이고 쓸데없는 정력, 격렬한 쾌락, 관례에 어긋난 성적 행동을 특별히 세심하게 억압하는 것이기 때문에 우리의 작업은 아마 그만큼 더 길어질 수밖에 없을 것이다. 그러므로 억압적 권력에 대한 해방의 효과는 느리게 나타난다고 예상할 필요가 있으며, 게다가 성에 관해 자유롭게 말하고 성의 실체를 받아들이려는 기도企圖는 이제 천 년에 가까운 역사 전체의 노선과 너무나 이질적일 뿐더러 권력의 내재적 메커니즘에 대해 너무나 적대적이어서, 성공적으로 완수되기 전에 오랫동안 제자리걸음을 할 것이 틀림없다.

그런데 내가 "억압의 가설"이라고 부르게 될 것과 관련하여 3가지 주목할 만한 의혹이 생겨날 수 있다. 첫 번째 의혹. 성의 억압은 정말로 자명한 역사적 사실일까? 맨 먼저 시선에 드러나고 따라서 하나의 가설을 출발점으로 제시할 수 있게 하는 것은 바로 성에 대한 억압체제의 강조일까, 아니면 17세기부터 이루어진 그러한 체제의 확립일까? 이것은 본질적으로 역사와 관계가 있는 문제이다. 두 번째 의혹. 권력의 메커니즘, 특히 우리 사회와 같은 곳에서 작용하는 권력의 메커니즘은 요컨대 억압의 범주에 속하는 것일까? 금지, 검열, 부인否認은 아마 모든 사회에서, 그리고 확실히 우리 사회에서 권력이 일반적으로 행사되는 양상일까? 이것은 역사-이론적 문제이다. 끝으로 세 번째 의혹. 억압을 겨냥하는 비판적 담론은 그때까지 이의異議 없이 기능한 권력 메커니즘의 통로를 차단하게 되는 것일까, 아니면 "억압"이라고 부르면서 비난하는 (그리고 아마 왜곡할) 것과 동일한 역사적 망網의 일부분을 이루는 것일까? 억압의 시대와 억압의 비판적 분석 사이에 정말로 역사적 단절이 존재하는 것일까? 이것은 역사-정치적 문제이다. 이 3가지 의혹을 끌어들이는 것은 최초의 가설과 대칭적이고 거꾸로 된 반反가설을 세우는 것이 아닐 뿐더러, 자본주의적 부르주아 사회에서는 성이 억압되기는커녕 반대로 끊임없이 자유의 체제를 누렸다고 말하려는 것도 아니고, 우리 사회와 같은 곳에서는 권력이 억압적이기보다는 관용적이라든가, 억압에 가해지는 비판이 그야 말로 단절의 외양을 띨지 모르고 훨씬 더 오래된 과정의 일부이며 이 과정을 읽어내는 방향에 따라서는 금기 완화의 새로운 삽화적 사건처 럼 또는 권력의 더 간교하거나 더 신중한 형태처럼 보이게 된다고 말 하려는 것도 아니다.

내가 억압의 가설에 대해 대립적인 것으로 조심스럽게 내세우고자 하는 3가지 의혹의 목적은 억압의 가설이 틀렸다는 것을 보여주는 것 이라기보다는 오히려 17세기 이래 근대 사회의 내부에서 성에 관해 행 해진 전반적인 담론의 경제 속에 이 가설을 다시 놓고 살펴보자는 것 이다. 왜 성생활에 관해 말했을까, 성생활에 관해 무슨 말을 했을까, 성생활에 관해 말함으로써 유발된 권력효과는 무엇이었을까? 이러한 담론, 이러한 권력효과, 이것들에 의해 둘러싸인 쾌락 사이에 무슨 관 계가 있었을까? 거기로부터 어떤 지식이 형성되었을까? 요컨대 3가지 의혹의 목적은 우리에게서 인간의 성생활에 관한 담론을 뒷받침하는 권력-지식-쾌락 체제의 작동과 존재이유를 결정하는 것이다. 따라서 성을 긍정하는가 부정하는가, 금기를 내세우는가 허용을 명확히 표명 하는가, 성의 중요성을 인정하는가 성의 효력을 부인하는가, 성을 가 리키기 위해 사용하는 말을 억제하는가 그렇지 않은가를 아는 것이라 기보다는, 성에 관해 말한다는 사실, 성에 관해 말하는 사람, 성에 관 해 말하는 장소와 관점, 성에 관해 말하기를 부추기고 말한 내용을 수 집하고 유포시키는 여러 제도, 요컨대 성에 관한 전반적 "담론현상"과 "담론화"를 고찰하는 것이 (적어도 최초의 논의에서는) 요점이다. 또한 어떤 형태로, 어떤 경로를 통해, 어떤 담론을 따라 권력이 가장 미묘하고 가장 개인적인 행동에까지 이르는가, 어떤 노정을 통해 권력이 희귀하거나 거의 감지할 수 없는 욕망의 형태에 도달하는가, 어떻게 권력이 일상의 쾌락에 침투하여 일상의 쾌락을 통제하는가 — 거부, 봉쇄, 자격 박탈뿐만 아니라 선동과 강화일 수도 있는 결과와 함께 이 모든 것을, 요컨대 "권력의 다형적多形的 기술"을 아는 것이 중요한 점으로 떠오르게 된다. 끝으로 이러한 담론의 생산과 이러한 권력효과가 성의 진실을 명확하게 말하는 쪽으로 우리를 이끌 것인가, 반대로 진실을 은폐하게 마련인 거짓의 표명으로 우리를 이끌 것인가를 결정하는 것이 아니라, 이러한 담론의 생산에서 매체와 동시에 수단의 구실을 하는 "지식의 의지"를 도출하는 것이 중요한 점으로 다가오게 된다.

이 맥락을 제대로 이해해야 할 필요가 있는데, 나는 고전주의 시대부터 성을 금지하거나 차단하거나 은폐하거나 무시하지 않았다고 주장하는 것도 아니고, 그 시기부터 이러한 경향이 약해졌다고 단언하는 것도 아니다. 내 말은 성에 대한 배척이 환상이라는 것이 아니라, 성을 근본적인 구성요소로 간주하여 근대부터 성에 관해 말해진 것의 역사를 이 요소에 입각하여 쓸 수 있으리라고 생각한 것이 환상이라는 것이다. 억압의 가설에서 아니라고 말할 용도로 마련된 커다란 중심 메커니즘으로 통합되는 그 모든 부정적 요소, 이를테면 금지, 거부, 검열, 부인은 아마 이것들로 결코 축소될 수 없는 담론화, 권력의 기술, 지식의 의지에서 국지적이고 전술적 역할을 하는 부분에 지나지 않을 것이다.

요컨대 나는 통상적으로 희소성의 경제와 희박화의 원리에 부여되는 특권을 분석하려고 들지 않고, 반대로 담론의 생산, (때때로 금지하는 것을 기능으로 갖는) 권력의 생산, (흔히 오류와 체계적 몰이해를 유통시키는) 지식의 생산이 이루어지는 심급審級들을 찾아보고자 하며, 이 심급들과 이 심급들의 변화에 관한 역사를 쓰고자 한다. 그런데 이러한 관점에서 행해진 처음의 대략적 검토는 16세기 말부터 성의 "담론화"가 제한의 과정을 따르기는커녕 오히려 증대하는 선동의 메커니즘을 따랐다는 것, 성에 대해 행사되는 권력의 기술은 엄격한 선별의 원칙이 아니라, 반대로 상이한 형태들로 나타날 수 있는 다형적 성생활의 확산과 확립이라는 원칙을 좇았다는 것, 그리고 지식의 의지가 요지부동의 금기 앞에서 꺾이기는커녕 아마 많은 오류를 통해서일 터이지만 오히려 성생활의 과학을 구성하는 데 몰두했다는 것을 보여주는 듯하다. 이제 내가 억압의 가설과 이 가설에 원용되는 금지 또는 배제 현상의 이를테면 배후로 지나가면서 표지의 가치를 지닌 역사적 사실에 입각하여 간략하게 드러내고자 하는 것은 바로 이러한 동향이다.

제 2장

억압의 가설

1. 담론의 선동
2. 성적 도착의 확립

1

담론의 선동

17세기는 부르주아라고 불리는 사회에 고유하고 어쩌면 우리가 아직도 완전히 벗어나지는 못했을 억압의 시대가 시작된 때일지 모른다. 그때부터 성性을 명명命名하는 것은 더 어렵고 더 값비싸게 되었을지도 모른다. 마치 현실에서 성을 억제하기 위해서는, 우선 성을 언어의 차원으로 축소하고 성에 관한 담론의 자유로운 유통을 통제하고 말해진 것들로부터 성을 몰아내고 성이 너무 두드러지게 드러나는 말을 없앨 필요가 있었던 듯하다. 이처럼 성을 배척하는 과정에서조차 성을 명명하는 것은 두려운 일이라고들 할지 모른다. 말할 필요도 없이, 성에 대해 부끄러워하는 근대의 태도 때문에, 서로 밀접하게 관련된 금지들의 작용만으로 사람들로부터 성에 관해 말하지 않겠다는 약속을 얻어낼 수 있을지 모른다. 바로 이것이 입을 다물어버림으로써 침묵을 강요하는 묵언의 태도이다. 검열檢閱이다.

그런데 지난 세 세기의 연속된 변모를 살펴보면 상황은 매우 다른 것으로 보인다. 즉, 성을 중심으로 성에 관해 이루어진 담론의 완전한 폭발이 감지된다. 이것을 제대로 이해할 필요가 있다. 공인된 어휘의 매우 엄정한 순화가 일어났을지 모른다. 암시와 은유의 온전한 수사법이 체계화되었을 수도 있다. 확실히 새로운 절제의 규범에 의해 말이 검열되었다. 즉, 언표言表의 경찰이 있었다. 또한 언술言述의 통제가 있었다. 즉, 성에 관해 말하는 것은 언제, 어디에서, 어떤 상황에서, 어떤 대화자들 사이에서, 어떤 사회관계에서 가능한가가 훨씬 더 엄격하게 규정되었고, 절대적 침묵이 아니라면 적어도 요령과 신중한 태도는 가져야 하는 영역, 예컨대 부모와 자녀, 또는 교육자와 학생, 주인과 하인 사이의 영역이 이런 식으로 정해졌다. 거기에는 온전한 제한의 경제가 있었는데, 이것은 거의 확실하다. 이 경제는 고전주의 시대의 사회 재배치를 동반한, 한편으로는 자연발생적이고 다른 한편으로는 합의에 기초한 그 언어 정책1에 통합된다.

반면에 담론과 담론의 질서라는 차원에서는 현상이 거의 정반대이다. 성에 관한 담론, 형식과 대상에 따라 서로 다른 특수한 담론들이 끊임없이 확산되었다. 18세기부터 이를테면 담론의 발효醱酵가 가속화되었다. 거의 확실하게 예절에 관한 규칙의 엄격화는 음탕한 말의 중시重視와 강화라는 반작용을 초래했지만, 여기에서 나는 "불법적"

<hr />

1   * politique de la langue et de la parole. 여기에서 랑그는 "어느 사회 집단에 공통된 표현 및 의사소통 체계"이고, 파롤은 "사유의 언어적 표현"이지만 단순히 언어로 해석하는 것이 무난할 것이다.

담론, 새로운 절제의 태도에 대한 모욕 또는 조롱으로 성을 노골적으로 명명하는 위반적 담론의 있음직한 증가를 그다지 생각하고 있지는 않다. 중요한 것은 권력 자체가 행사되는 장場에서 성에 관한 담론이 증가했다는 점이다. 성에 관해 점점 더 많이 말하도록 부추기는 제도적 선동, 성에 관해 말하는 것을 듣고 성 자체로 하여금 끝없이 누적되는 세세한 것을 통해 분명히 말하도록 만들기 위한 권력의 집요한 권유가 눈에 띈다.

트리엔트 공의회2 이후로 가톨릭의 교서와 고해성사가 어떻게 변화했는지 생각해 보자. 중세의 고해 개론서에 표명된 질문들과 17세기에도 통용된 상당히 많은 질문의 노골성은 점차로 가려진다. 산체스3 나 탐부리니4 같은 몇몇 사람이 완전한 고백에 꼭 필요한 것으로 오랫동안 생각한 그 세부사항, 즉 당사자들 각자의 체위, 태도, 몸짓, 애무 부위, 정확한 성적 쾌감의 순간, 이를테면 성행위라는 활동 자체의 세세한 경로 전체를 파악하려는 경향도 사라진다. 점점 더 끈질기게 신중함이 권고된다. 순결에 대한 죄로 말하자면 최대의 조심성이 필요하다. "이 문제는 아무리 적절한 방법으로 다루고 나중에 떼어낼지

---

2   * 1545~1563년에 전후 3회에 걸쳐 이탈리아의 트렌토(트리엔트는 독일명)에서 열린 종교회의. 신구 양교의 화해를 목적으로 하였으나 신교 측이 참석하지 아니한 관계로 도리어 구교 측의 결속이 이루어져 반(反) 종교개혁을 촉발시켰다.

3   * Tomas Sanchez(1550~1610). 스페인의 예수회 수사, 교회법 학자, 혼인법 전문가로 알려져 있다. *De Matrimonio*(1602~1605년에 3권으로 간행된 책, "결혼에 관하여"라는 뜻이다)를 썼다.

4   * Pietro Tamburini(1737~1827). 이탈리아의 신학자, 18세기 이탈리아 얀센파의 주요한 대표자이다.

라도 반드시 더러운 자국을 남기는 송진과 비슷하다."5 그리고 훨씬 나중에 알폰소 데 리구오리6는 "완곡하고 다소간 모호한" 질문부터 시작하고 특히 어린이가 고해자일 경우에는 거기에서 멈추라고 권하게 된다.7

그러나 언어를 잘 다듬을 수는 있다. 고백, 특히 육신8에 관한 고백의 범위는 끊임없이 넓어진다. 모든 가톨릭 국가에서 반反종교개혁을 계기로 연간年間 고해의 횟수를 더 증가시키려고 하기 때문이다. 그리고 반종교개혁으로 인해 철저한 자기성찰의 규칙을 부과하려는 노력이 이루어지기 때문이다. 특히 고해성사에서, 어쩌면 몇 가지 다른 죄는 묵과하더라도, 육신의 기미가 있는 모든 것에 갈수록 더 많은 중요성을 부여하기 때문이다. 생각, 욕망, 음탕한 상상, 열락悅樂, 영혼과 육체의 동시적 동요, 이 모든 것은 이제 조목조목 고해와 영성 지도의 대상이어야 한다. 새로운 교서에 의하면 성은 이제 무모하게 언급되어서는 안 될 뿐만 아니라, 성의 양상과 상관관계와 영향은 가장 세세한 부분까지, 가령 몽상夢想을 스치고 지나가는 그림자, 좀처럼 사라지지 않는 이미지, 육체의 메커니즘과 정신의 만족감 사이의 쉽게 근절되지 않는 공조에 이르기까지 추적되어야 한다. 모든 것이 말해져

---

5   P. Segneri, *L'instruction du pénitent* (trad. 1695), p. 301.

6   * Alphonso de Liguori(1696~1787). 이탈리아의 선교사 겸 신학자로 얀센파의 패배에 일조했다.

7   A. de Liguori, *Pratique des confesseurs* (trad. française, 1854), p. 140.

8   * chair. 신성에 대해 인성(人性), 정신에 대해 육신(肉身), 본능, 육체의 욕구, 감각 등 여러 가지 의미를 갖는데, 그리스도교에 의하면 죄의 관념, 죄에 빠지기 쉽다는 관념과 결합되어 있다.

야 한다. 일종의 이중적 변화가 엿보이는데, 그것은 육신을 모든 죄의 뿌리로 만들고 육신에 의한 행위 자체의 가장 중요한 계기를 욕망이라는, 그토록 알아차리기도 밝히기도 어려운 장애 쪽으로 이동시키는 경향이 있다. 왜냐하면 욕망은 가장 은밀한 형태로 인간에게 온통 해를 끼치는 악이기 때문이다. "그러므로 당신의 영혼이 지닌 모든 능력, 기억, 지성, 의지를 꾸준히 살피시오. 또한 당신의 모든 감각을 정확하게 조사하시오. … 또한 당신의 모든 생각, 당신이 한 모든 말, 그리고 당신의 모든 행위도 검토하시오. 더 나아가 당신의 꿈까지 유심히 살피고, 잠에서 깨어나서는 혹시라도 그 꿈에 홀리지 않았는지 파악하시오. … 요컨대 그토록 미묘하고 그토록 위험한 문제가 하찮고 사소한 것이라고 생각하지 마시오."9 그러므로 의무적이고 활기찬 담론이 육체와 영혼의 접합선을 어떤 굴곡도 빠뜨리지 않고 따라가게 되어 있다. 즉, 그것은 죄악의 표면 아래 육신의 연속된 잎맥10을 드러나게 한다. 성性이 직접적으로 언명되지 않도록 세심하게 순화된 언어의 비호 아래, 성에 모호함도 유예도 남겨놓지 않으리라고 주장하는 담론이 성을 전담하여 추적한 형국이다.

근대 서양에 매우 특유한 이와 같은 요청이 전반적 속박의 형태로 뚜렷이 부각되는 것은 아마 그때가 역사상 처음일 것이다. 나는 전통적 고해성사가 요구한 것과 같은 의무, 즉 성에 관한 법의 위반을 고백할 의무에 관해서가 아니라, 영혼과 육체를 가로질러 성과 어떤 친화

---

9   P. Segneri, loc. cit. , pp. 301~302.
10   * 비유적으로 죄악이 나뭇잎이라면 육신은 가늘지만 두드러진 잎맥이라는 것이다.

력을 갖는 무수한 쾌락, 감각, 사유의 상호작용에 관련될지 모르는 모든 것을 가능한 한 자주 말하는, 자기 자신에게 말하고 다른 사람에게 말하는 거의 무한한 책무에 관해 말하고 있는 것이다. 성의 "담론화"를 위한 이와 같은 기획은 매우 오래 전에 수도원의 금욕적 전통 속에서 형성되었다. 17세기는 성의 담론화를 모든 이에게 적용되는 규칙으로 만들었다. 사실, 성의 담론화는 극히 한정된 엘리트에게만 적용될 수밖에 없었고 일 년에 몇 번밖에 고해성사를 하러 가지 않는 다수의 신자는 그토록 복잡한 규정에 얽매이지 않았다는 주장도 있게 되지만, 중요한 것은 아마 이 의무가 모든 선량한 기독교도에게 적어도 이상적 상황으로 굳어졌다는 사실일 것이다. 절대적 요청이 명시적으로 단언되는데, 그것은 법에 어긋나는 행위를 고백해야 할 뿐만 아니라 자신의 욕망을 모조리 담론으로 늘어놓아야 한다는 것이다. 그러한 언술에 사용되는 말을 세심하게 중화시켜야 할 때조차, 가능하다면 모든 것을 빠짐없이 진술해야 한다. 기독교의 교서에는 성과 관련된 모든 것을 발언의 끝없는 물레방아로 향하게 하는 것이 기본적 의무로 포함되었다.11 몇 가지 말의 금지, 점잖은 표현의 요구, 어휘에 관한 모든 검열은 이 광범위한 의무에 비하면 단지 부차적인 장치, 즉 이 의무를 도덕적으로 받아들일 만하고 기술적으로 유용한 것이게끔 하는

---

11 좀더 소극적으로지만 개신교파의 교서도 역시 성의 담론화를 위한 규칙을 제시했다. 이 문제는 "성의 역사" 제 2권이 될 *La Chair et le corps*에서 개진될 것이다. ("성의 역사"는 애초에 다섯 권으로 구상되었으나, 푸코의 발병 때문인지 몰라도, 중간에 갑자기 계획이 바뀌어 현재의 세 권으로 귀착되었다. 67쪽 각주 12)에 언급된 *Pouvoir de la vérité*도 본래의 기획에는 포함되었으나 쓰이지 못한 책이다. — 역자)

방식에 지나지 않을 수도 있을 것이다.

17세기의 교서로부터 문학, 특히 "추잡한" 문학에서 성性의 투영인 것까지 직선이 그어질 수 있을지 모른다. 고해신부는 모든 것, 가령 "실행된 행위뿐만 아니라 음탕한 접촉, 모든 불순한 눈길, 모든 외설적인 말 … 스스로 동의하게 된 모든 생각"[12]을 말하라고 되풀이한다. 사드는 영성 지도의 개론서를 옮겨 놓은 듯한 용어로 이 명령에 맞장구를 친다. "당신의 이야기에는 가장 많고 폭넓은 세부사항이 필요하고, 당신이 어떤 정황도 숨기지 않는 한도 내에서만 우리는 당신이 이야기하는 정념情念에 내포되어 있는 인간의 풍속 및 성격과 관련된 것을 판정할 수 있으며, 게다가 아무리 사소한 정황이라도 우리가 당신의 이야기에서 기대하는 것에는 큰 도움이 됩니다."[13] 그리고 19세기 말에 《나의 은밀한 삶》을 쓴 익명의 저자도 역시 동일한 명령을 따랐는데, 그는 적어도 겉보기에는 아마 일종의 전통적 자유사상가였을 터이지만, 거의 전적으로 성적 활동에 바쳐진 그러한 삶을 각 삽화적 사건의 가장 세세한 이야기로 이중화하려는 의도를 내보였다. 그는 자신의 성과 관련된 가장 하찮은 모험, 쾌락, 감각을 다룬 그 11권의 책을 단지 몇 부밖에는 찍어내지 못했는데도, 때때로 젊은이의 교육에 대한 자신의 관심을 강조함으로써 자신의 교육적 의도를 변호하는 만큼, 그가 자신의 글에서 순수한 절대적 요청의 목소리로 말할 때 그의 말을 믿는 편이 낫다. "나는 일어난 그대로의 사실을 기억나는 대로

12 A. de Liguori, *Préceptes sur le sixième commandement* (trad.), 1835, p. 5.

13 D.-A. de Sade, Les 120 *journées de Sodome*, éd. Pauvert, I, pp. 139~140.

이야기할 것인데, 이것이 내가 할 수 있는 일의 전부이다." "은밀한 삶

이라고 해서 뭔가 누락되어서는 안 된다. 거기에는 부끄러워할 것이

하나도 없다. … 인간의 본성은 아무리 알아도 지나치지 않다."14 《나

의 은밀한 삶》의 은둔자는 자신의 가장 기괴한 행위에 관한 서술을 정

당화하기 위해 지상의 많은 사람도 틀림없이 그러한 행위를 할 것이라

고 종종 주장했다. 그러나 그의 행위들 중에서 가장 기묘한 것은 행위

전부를 날마다 자세하게 이야기한다는 점인데, 이 원칙은 일찍이 두

세기 전부터 근대인의 마음속에 자리 잡은 것이었다. 내가 보기에 이

특이한 사람은 자신에게 침묵을 강요한 "빅토리아 여왕 시대의 미풍美

風"으로부터 용감하게 탈주한 사람이라기보다는 오히려 조심성과 수

줍음을 요구하는 매우 장황스럽기까지 한 명령命令이 지배하는 시대에

성에 관해 말하라는 수세기에 걸친 명령을 가장 직접적으로 어떤 면에

서는 가장 순진하게 실천한 사람인 듯하다. 역사적 사건은 오히려 "빅

토리아 여왕 시대의 청교도 윤리"로 표방된 성적 절제의 태도일지 모

르며, 어쨌든 이 태도는 성의 담론화라는 커다란 흐름에서 의외의 것,

미묘한 것, 전술적 반전일지 모른다.

이 익명의 영국 사람은 이미 상당한 부분이 기독교의 교서와 더불어

형성된 근대적 성의 역사에 대해 그의 여왕 폐하보다 더 중심적인 인물

일 수도 있다. 그로서는 아마 기독교의 교서와는 반대로 감각적 내용

의 세부사항을 말함으로써 맛보는 감각의 증대가 중요했을 것이고, 사

드처럼 엄밀한 의미로 "자신의 쾌락만을 위해" 글을 썼을 뿐이며, 편집

---

14 An. , *My Secret Life*, réédité par Grove Press, 1964.

과 교정을 세심하게 성애性愛의 장면과 뒤섞었다. 그에게 편집과 교정의 활동은 성애의 장면을 되풀이하고 연장하며 자극하는 것이었다. 그러나 결국 기독교의 교서 역시 욕망을 빠짐없이 줄기차게 담론화하는 것만으로 욕망에 대해 특수한 효과를 얻으려고 애썼는데, 그러한 효과에는 아마 자제自制와 초연함이 포함되었을 것이고 더 나아가 영적 재회심再回心 또는 하느님에게로 돌아서는 반전, 유혹의 상처와 유혹에 저항하는 사랑을 육체에서 느끼는 복된 고통도 있었을 것이다. 요점은 바로 여기에 있다. 즉, 300년 전부터 서양인이 자신의 성에 관해 모든 것을 말하려는 노력에 매달렸다는 것, 고전주의 시대부터 성에 관한 담론이 끊임없이 증가했고 성에 갈수록 더 큰 가치가 부여되었다는 것, 그리고 이 매우 분석적인 담론으로부터 욕망 자체에 대한 이동, 강화, 새로운 방향 설정, 변형 등의 다양한 효과가 기대되었다는 것이다. 성에 관해 이야기될 수 있는 것의 영역이 넓어졌고 이 영역을 점점 더 넓힐 것이 사람들에게 강요되었을 뿐더러, 특히 다양한 효력을 갖는 복잡한 장치, 금지법만으로는 완전히 설명될 수 없는 장치에 따라 담론의 방향이 성性 쪽으로 향하게 되었다. 성에 대한 검열? 검열보다는 오히려 담론, 즉 성의 경제 자체 속에서 작동하고 효력을 갖는 점점 더 많은 담론을 성에 관해 생산하는 설비가 갖추어졌다.

이 기술은 다른 메커니즘에 의해 뒷받침되고 재활성화되지 않았다면 아마 기독교적 영성의 운명이나 개인적 쾌락의 경제와 여전히 밀접하게 관련되어 있었을지 모른다. 이 기술은 본질적으로 "공공의 이익"이라는 것에 의해, 그리고 집단적 호기심이나 감성 또는 새로운 심성15이 아니라, 나중에 검토해야 할 이유 때문에 성에 관한 담론이 필수요소로 자리 잡게 되면서 작용하는 권력의 메커니즘에 의해 유지되었다. 18세기 무렵에 이르면 성에 관해 말하라는 정치적, 경제적, 기술적 선동이 일어나는데, 이러한 선동은 성에 관한 일반 이론의 형태가 아니라 분석, 회계, 분류, 명시의 형태나 계량적 또는 인과론적 탐구의 형태를 띤다. 성을 "고려에" 넣는 것, 성에 관해 도덕적일 뿐만 아니라 합리적일 담론을 행하는 것은 당시에 매우 새로운 필요여서 처음에는 선동자들조차 놀라 변명거리를 찾을 정도였다. 어떻게 이성의 담론으로 '그것'[16]에 관해 말할 수 있을 것인가? "철학자들은 혐오와 조롱 사이에 놓인 대상을 똑바로 바라보지 못했다. 왜냐하면 위선과 동시에 추문을 피해야 했기 때문이다."[17] 그리고 약 한 세기 뒤에 스스로 말해야 하는 것에 대해 덜 놀라리라고 누구나 기대할 수 있었을 의학醫學 역시 말하는 순간에 비틀거린다. "이러한 현상은 어둠 속에 묻혀 있고 수치와 혐오를 불러일으키는 까닭에 예로부터 관찰자의 시선으로부터 늘 멀어지곤 했다. … 나는 혐오감을 일으키는 묘사가 이 연구에 포함되면 곤란하지 않을까 하고 오랫동안 주저했다. … "[18] 요점은 그 모든 거리낌, 그것이 드러내는 "도덕 지상주의" 또는 그것의 배후에 놓여 있다고 의심되는 위선에 있는 것이 아니라, 그것을 극복해야 한

---

15 * mentalité. 집단의 사유를 알려주고 지배하는 정신적 믿음과 관습의 총체로서, 이른바 장기지속의 관점에서 드러나게 된다.

16 * ça. 물론 성을 가리키지만 개인의 본능적 충동, 이드(라틴어로 id) 라는 의미도 함축한다.

17 Condorcet. J. -L. Flandrin, *Famille*, 1976에서 재인용.

18 A. Tardieu, *Etude médico-légale sur les attentats aux moeurs*, 1857, p. 114.

다는 필요의 인정에 있다. 성에 관해 말해야 한다. 성에 관해 말하는 사람이 합법적인 것과 비합법적인 것을 구분한다 할지라도 누구나 이 분할에 얽매이지 말고 공개적으로 말해야 한다(그 엄숙한 권두卷頭의 선언들은 바로 이 점을 드러내 보이기 위한 것이다). 단죄하거나 용인해야 할 뿐만 아니라 관리하고 유용성의 체계에 끼워 넣고 모든 사람의 최대 행복을 위해 규제해야 하고 최적의 조건에 따라 작용하게 해야 할 어떤 것에 관해 말하듯이, 성에 관해 말해야 한다. 성은 판단될 뿐만 아니라 관리된다. 성은 공권력의 소관이고, 관리의 절차를 요하며, 분석적 담론에 의해 다루어져야 한다. 18세기에 성性은 "경찰"의 문제가 되지만, 당시에 이 낱말에 부여된 충만하고 강력한 의미, 즉 무질서의 억압이 아니라 집단적이거나 개인적 세력의 조직적 확대라는 의미를 띠게 된다.[19] "성의 지혜로운 규제를 통해 국가의 내적 잠재력을 굳건히 하고 증대해야 한다. 그리고 국가의 내적 잠재력은 공화국 일반과 공화국의 각 구성요소뿐만 아니라 공화국에 속하는 모든 이의 자질과 재능에 있으므로, 당연히 경찰은 이 역량을 전적으로 떠맡아서 그것이 공공의 행복에 이바지하도록 해야 한다. 그런데 경찰은 이 갖가지 이점을 인식함으로써만 목적을 달성할 수 있다."[20] 성의 경찰. 다시 말해서 엄격한 금지가 아니라 유용하고 공적인 담론에 의해 성을 규제해야 할 필요.

---

19 * police. 오늘날은 통상적으로 '경찰'이나 '치안'의 의미를 갖지만, 17~18세기에는 '관리' 또는 '통치'라는 더 넓은 의미를 띠었다. 당시의 국가를 '경찰국가'라고 한다는 점을 생각하면 금방 이해할 수 있을 것이다.

20 J. von Justi, *Eléments généraux de police* (trad. 1769), p. 20.

예를 몇 가지만 들어보기로 하자. 18세기에 권력의 기술에서 찾아볼 수 있는 중요한 혁신의 하나는 "인구"가 경제적이고 정치적인 문제로 등장한다는 점이다. 여기에서 인구라고 하는 것은 부富로서의 인구, 노동력이나 노동 역량으로서의 인구, 증가 자체와 증가에 의해 마련되는 자원 사이의 균형으로 파악된 인구이다. 단순히 신민臣民이나 심지어는 "민족"이 아니라 특수한 현상과 고유한 변수, 즉 출생률, 이병률罹病率, 수명, 생식력, 건강상태, 질병의 발생빈도, 식생활, 주거형태를 내포하는 "인구"가 경찰의 대상이라는 것을 정부쪽에서 알아차리는데, 이 모든 변수는 생명에 고유한 활동과 제도에 특유한 효과의 교차점에서 결정된다. "국가의 인구는 번식에 의한 자연적 증가에 따라서가 아니라 산업, 생산력, 갖가지 제도에 비례하여 증가한다. … 사람의 수는 땅에서 나는 생산물처럼 노동에 의해 획득되는 이익과 자원에 정비례하여 늘어난다. "21 성은 이 경제적이고 정치적인 문제의 핵심부에 놓인다. 왜냐하면 출생률, 결혼, 연령, 합법적 출생과 비합법적 출생, 육체관계에서의 조숙성과 빈도, 육체관계를 임신 또는 불임으로 이끄는 방법, 독신생활 또는 금기의 효과, 피임의 관행, 즉 대혁명 직전에 인구학자들이 알고 있었듯이 농촌 주민에게는 이미 친숙한 그 유명한 "해로운 비밀"의 영향을 분석할 필요가 있기 때문이다. 물론 나라가 부강해지려면 인구가 늘어나야 한다는 주장은 매우 오래 전부터 있었다. 그러나 한 사회의 미래와 운명이 시민의 수와 미덕, 결혼의 관습과 가족의 구성뿐만 아니라 각자가 자신의 성을 이용하는

---

21 C. -J. Herbert, *Essai sur la police générale des grains* (1753) , pp. 320~321.

방식과 관련되어 있다고 적어도 한결같이 단언되기는 그때가 처음이다. 부자, 독신자獨身者, 자유사상가의 헛된 방탕에 대한 의례적 비탄에서 국민의 성적 행동이 분석의 대상 겸 개입의 표적이라고 간주되는 담론 쪽으로, 중상주의 시대에 인구의 증가를 옹호하는 광범위한 주장에서 목적과 긴급한 요구에 따라 출산의 장려나 산아제한의 방향을 취하게 되는 더 미묘하고 더 정확하게 예측된 조절의 시도 쪽으로 관심이 옮겨간 것이다. 인구의 정치경제학에서 성에 대한 관찰의 격자格子가 형성된다. 생물학과 경제학의 경계에서 성적 행동의 결정과 영향에 관한 분석이 생겨난다. 또한 전통적 수단, 가령 도덕적이고 종교적인 권고, 징세徵稅 조치를 넘어 부부의 성적 행동을 경제적으로나 정치적으로 사전에 조율하려는 조직적 캠페인이 벌어진다. 여기에서 19~20세기의 인종차별이 싹튼다. 국가로 하여금 시민의 성性과 시민이 성을 이용하는 관례에 관해 사정을 알고 있게 하라, 또한 시민도 제각기 성에 관한 자신의 습관을 통제할 수 있게 하라. 국가와 개인 사이에서 성은 쟁점, 공적인 쟁점이 되었고 담론, 지식, 분석, 명령의 온전한 조직망으로 에워싸였다.

어린이의 성性에 대해서도 사정은 마찬가지이다. 고전주의 시대는 어린이의 성을 은폐했는데, 어린이의 성은 《성생활의 이론에 관한 세 편의 시론》22이나 어린 한스23의 불안 이후에야 그러한 은폐로부터 가까스로 빠져나왔다고 흔히들 말한다. 어린이와 어른, 학생과 선생

---

22 * 1905년에 출간된 프로이트의 저서이다.
23 * 프로이트의 《5세 아동의 공포증 연구》(1909)에서 환자로 등장하는 어린이.

사이에서 오래 전부터 관행으로 존재한 언어의 "자유"가 사라질 수 있었다는 것은 사실이다. 17세기의 어떤 교사도 에라스무스가 자신의 《대화록》에서 실행한 것처럼 쓸 만한 창녀를 선택하는 방법에 관해 학생들에게 공개적으로 조언하지는 못했을 것이다. 그리고 매우 오랫동안 어쩌면 모든 사회계층에서 조숙한 어린이의 성생활에 수반되었던 떠들썩한 웃음도 점차로 사라졌다. 그렇다고 해서 무조건적 침묵의 시대가 도래한 것은 아니다. 오히려 새로운 담론의 체제가 들어서기 시작한다. 성이 덜 이야기되지는 않는다. 그러나 성은 다르게 이야기되고, 다른 사람들이 다른 관점에서 다른 효과를 얻기 위해 성을 말한다. 말하지 않으려는 태도 자체, 사람들이 말하기 싫어하거나 사람들이 언급 자체를 금하는 것들, 일부 사람들 사이에서 요구되는 신중성은 담론의 절대적 한계 또는 엄격한 경계선에 의해 담론과 분리되어 있을지 모르는 저편이라기보다는 오히려 말해진 것들 옆에서 말해진 것들과 함께 말해진 것들과 관련하여 전체적 전략에 따라 작용하는 요소들이다. 사람들이 말하는 것과 사람들이 말하지 않는 것 사이에 이항적 분할을 설정해서는 안 되는데, 이보다는 오히려 말하지 않을 갖가지 방식, 그리고 말할 수 있는 사람과 말할 수 없는 사람을 어떻게 구분할 것인가, 이 양자에게는 어떤 유형의 담론이 허용되거나 어떤 형태의 조심성이 요구되는가를 결정하도록 시도할 필요가 있을지 모른다. 한 가지가 아니라 여러 가지 침묵이 있는데, 그것들은 담론을 떠받치고 담론에 스며드는 전략의 일부를 이룬다.

18세기의 중등학교를 예로 들어 보자. 전체적으로는 거기에서 성性이 실질적으로 이야기되지 않는다고들 느낄지 모른다. 그러나 건축물의 배치, 징계의 규칙, 내부의 조직 전체를 일별하는 것으로 충분하다. 성이 줄기차게 문제되고 있다는 것을 쉽게 알아차릴 수 있다. 건축가들은 성을 명백하게 고려했다. 조직자들은 끊임없이 성을 고려한다. 조금이라도 권한이 있는 사람은 모두 영속적 경계의 상태에 놓이는데, 이러한 상태는 조정調整, 예방조치, 처벌과 책임의 상호작용에 의해 부단히 재개된다. 교실의 공간, 책상의 형태, 운동장의 시설, (칸막이와 커튼이 있거나 없는) 공동 침실의 배치, 취침과 수면의 감시를 위해 마련된 규정, 이 모든 것을 마련하는 데에는 청소년의 성생활이 가장 많이 감안된다. 24 이 제도25 내부의 담론, 즉 이 제도에 의해 충실히 이행되고 이 제도를 운영하는 사람들 사이에서 유통하는 담론이라고 부를 수 있을 것은 대부분 그 조숙하고 활발한 성생활이 항구적으로 실재한다는 확증과 맞물려 있다. 그뿐만이 아니다. 18세기 동안 중학생의 성은 일반 청소년의 성보다 더 두드러지게 공적 문제가되었다. 의사는 교장과 교사에게 문의하고 또한 가족에게 의견을 제시하며, 교육자는 계획을 세워 당국에 제출한다. 그리고 선생은 학생에게 관심을 보이고 여러 가지 권고를 하며 학생을 위한 도덕적 또는 의학적 본보기로 가득 찬 격려의 책을 쓴다. 중학생의 성을 중심으로

---

24 《중등학교를 위한 관리 규정》(1809). 제 67조: "수업 및 학습 시간에는 용변을 위해 자리를 비운 학생들이 밖에서 모이는 일이 없도록 밤을 감시하는 교사가 한 사람 있어야 한다." 제 68조: "저녁 기도 후 학생들이 침실로 인도되면, 교사는 즉시 그들을 취침시켜야 한다." 제 69조: "교사는 학생들이 제각기 자신의 침대에 있는 것을 확인한 다음 취침해야 한다." 제 70조: "침대는 높이 2미터의 칸막이에 의해 격리되어야 한다. 침실은 밤 동안 소등하지 않는다."

25 * 18세기의 프랑스 중등학교를 가리킨다.

교훈, 의견, 관찰의 결과, 의학적 충고, 임상의 증례症例, 쇄신의 개요, 이상적인 습관을 위한 계획의 온갖 문헌이 갑자기 늘어난다. 이처럼 청소년의 성을 담론화하는 활동은 요한 바제도26와 독일의 "범애파"27 운동에 힘입어 상당한 규모로 진전되었다. 잘츠만28은 실험학교를 설립하기도 했는데, 그곳의 특성은 젊은이의 보편적 죄악이 결코 행해지지 않게 되어 있을 정도로 매우 심사숙고된 성의 통제와 교육이었다. 그리고 이 모든 대책에서 어린이는 분명히 어른들 사이에서만 사전에 조율된 배려의 말없고 무의식적인 대상일 뿐만이 아니었다. 더 나아가 성에 관한 합리적이고 진실하며 교회법에 합치하는 어떤 제한된 담론, 일종의 담론 정형술이 어린이에게 부과되었다. 1776년 5월 '필란트로피움' 기숙사에서 열린 대축제는 본보기가 될 것 같다. 시험, 문학 백일장, 상賞의 수여, 징병검사 위원회가 뒤섞인 형태를 띤 이 축제는 청소년의 성과 합리적 담론의 장엄한 첫 성체배령聖體拜領이다. 바제도는 학생에게 실시한 성교육의 성공을 보여주기 위해, 독일인이라면 누구나 저명인사로 인정할 수 있는 사람들을 초청했다 (괴테는 그의 초청을 거절한 몇 안 되는 인사들 중의 한 사람이었다). 이렇게 해서 모인 청중이 지켜보는 가운데 교사들 중의 한 사람인 볼케가

---

26 * Johann Bernhard Basedow(1723~1790). 규율과 체육을 중시한 독일의 교육가로서 범애파를 창시했고 1774년에 데사우(Dessau)에 '필란트로피움' 기숙사를 설립했다.

27 * 범애주의(*philanthropismus*)의 교육사상을 주장하는 학파로서, 교회 지배의 종교교육을 타파하기 위한 바제도의 활동이 출발점을 이루었다.

28 * Chirstian Gotthilf Saltzmann(1744~1811). 범애파의 교육자로서, 바제도와 협력한 뒤 1784년에 슈네판타르에서 독자적으로 학교를 세웠다.

성별, 출생, 생식의 신비에 관해 미리 선정된 질문을 학생들에게 던진다. 예컨대 임산부, 부부, 요람이 묘사된 판화에 관해 의견을 말하도록 시킨다. 학생들은 수줍음이나 어색함 없이 명쾌하게 대답한다. 어린이보다 더 유치한 어른 — 볼케는 그런 어른을 엄하게 꾸짖는데 — 쪽만 제외하면, 학생들의 대답을 흐트러뜨릴 어떤 무례한 웃음소리도 나오지 않는다. 마지막 장면에서는 어른들 앞에서 능숙한 솜씨로 담론과 성의 꽃다발을 엮은, **29** 볼이 통통한 그 소년들에게 갈채가 쏟아진다. **30**

교육제도에 의해 어린이와 청소년의 성에 대대적으로 침묵이 강요되었다고 말하는 것은 정확하지 않을지 모른다. 이와는 반대로 18세기부터 교육제도에서 어린이와 청소년의 성에 관한 담론은 형태가 세분화되었고, 실행 지점이 확정되었고, 내용이 체계화되었고, 화자의 자격이 정해졌다. 어린이의 성에 관해 말하는 것, 교육자, 의사, 행정관, 부모로 하여금 어린이의 성에 관해 말하게 하거나 그들에게 어린이의 성에 관해 말하는 것, 어린이로 하여금 성에 관해 말하게 하는 것, 어떤 때는 어린이에게 말을 걸고 또 어떤 때는 어린이에 관해 말하며, 어떤 때는 어린이에게 규범의 이해를 강요하고 또 어떤 때는 어린이의 이해력을 넘어서는 지식을 어린이로부터 형성하는 담론의 그물로 어린이를 단단히 둘러싸는 것 — 이 모든 것은 권력의 강화와 담론

---

29 * "성에 관해 웅변을 한"이라는 의미이다.

30 J. Schummel, *Fritzens Reise nach Dessau* (1776). A. Pinloche, *La Réforme de l'éducation en Allemagne au XVIII*ᵉ *siècle* (1889), pp. 125~129에서 재인용.

의 증가를 연결할 수 있게 해준다. 18세기부터 어린이와 청소년의 성은 수많은 제도적 장치와 담론적 전략의 정비整備를 불러일으킨 중요한 쟁점이 되었다. 물론 어린이와 청소년의 성에 관해 말하는 어떤 방식이 어른과 어린이 자신에게서 박탈되었을 수도 있고, 직접적이고 설익고 천박한 것으로 간주되어 자격을 상실했을 수도 있다. 그러나 그것은 바로 모두 권력관계의 다발을 중심으로 교차하고 정교하게 위계화되고 강하게 단언되는 다른 다양한 담론을 보충하고 안정화하는 대립 요소였고, 어쩌면 이를 위한 조건이었을 것이다.

우리는 18세기나 19세기부터 성에 관해 담론을 생산하기 시작한 다른 많은 발원지를 예로 들 수 있을 것이다. 우선 "신경질환"을 다루는 의학이 있고, 뒤이어 정신병의 병인론病因論을 "무절제" 쪽에서, 다음으로 자위自慰 쪽에서, 그리고 욕구불만 쪽에서, 끝으로 "생식에서의 부정행위" 쪽에서 구하기 시작했을 때, 특히 성적 도착倒錯 전체를 자체의 고유한 영역에 속하는 것으로 병합했을 때의 정신의학이 있고, 무엇보다도 자연을 거스르는 성생활을 오랫동안 "엄청난" 범죄로 다루었지만 19세기 중엽에는 대수롭지 않은 폭행, 미성년자의 능욕凌辱, 사소한 성적 도착에 대해 가벼운 재판권을 행사하게 되는 형사재판소가 있으며, 끝으로 지난 세기31 말에 전개되고 위험하거나 위험에 처한 부부, 부모와 자녀, 청소년의 성생활을 검열하는, 말하자면 보호와 격리와 예방을 시도하고 도처에서 위험을 알리고 주의를 일깨우고 진단을 요청하고 보고서를 수없이 작성하고 치료법을 준비하는 그 모

---

31   * 19세기이다.

든 사회적 통제가 있다. 이 발원지들은 성을 중심으로 끊임없는 위험의 의식, 즉 성에 관해 말하는 것을 한층 더 활기차게 부추기는 의식을 강화하면서 담론을 퍼뜨린다.

1867년의 어느 날 랍쿠르 마을에서 계절에 따라 이 집 저 집에 고용되고 여기저기에서 약간의 동냥으로나 몹시 궂은일을 맡아 하면서 그날그날 먹고살며 헛간이나 마구간에서 잠을 자는 다소 정신이 박약한 날품팔이꾼이 고발당한다. 그는 이미 몇 차례 실행한 대로, 슬쩍 엿본 대로, 주변에서 마을의 장난꾸러기들이 하는 대로 밭가에서 어린 소녀로부터 약간의 애무를 받았는데, "엉긴 우유"라고 불리는 이 장난은 숲의 가장자리나 생-니콜라로 통하는 길 옆의 도랑에서 누구나 하는 그런 것이었다. 그렇지만 그는 소녀의 부모에 의해 마을의 이장 앞에서 범인으로 지목되고 이장은 그를 헌병대에 신고한다. 급기야 그는 헌병들에 의해 수사판사에게로 연행되며, 수사판사는 그를 기소하고는 첫번째 의사에게 넘긴다. 그러고 나서 그는 두 명의 다른 전문가에게 맡겨지는데, 그들은 보고서를 작성하여 발표한다.[32] 이 이야기의 요체는 무엇일까? 그것은 이 이야기의 사소한 성격이고, 마을의 성생활과 관련된 그 일상적 사건, 덤불 속에서의 그 하찮은 희열이 어느 순간부터는 집단적 불관용뿐만 아니라 사법적 소송, 의학의 개입, 주의 깊은 임상적 검사, 거창한 이론 구축의 대상으로 변할 수 있었다는 점이다. 중요한 것은 그때까지 여느 사람처럼 평범하게 농촌 생활을 영위한 그

---

32 H. Bonnet et J. Bulard, *Rapport médico-légal sur l'état mental de Ch. -J. Jouy*, 1868년 1월 4일.

러한 인물을 대상으로 두개골의 크기를 재고 얼굴의 골격을 조사하고 해부학적 특징을 검사하여 성적 타락의 있음직한 징후를 찾아내려고 했다는 것, 그로 하여금 말하게 했다는 것, 그의 생각, 성벽性癖, 습관, 격한 감정, 판단력을 알아내려고 그를 심문했다는 것, 그가 법적으로 혐의에서 벗어난 다음에도 결국 그를 순수한 의학과 지식의 대상, 즉 죽을 때까지 마레빌 병원에 감금해야 할 뿐만 아니라 상세한 분석에 의해 학계에 알려야 할 대상으로 삼았다는 것이다. 동일한 시기에 랍쿠르의 초등학교 교사가 마을의 아이들에게 말을 조심하고 그 모든 것에 관해 더 이상 큰 소리로 이야기하지 말라고 가르친 것은 거의 틀림없는 사실일 것이다. 그러나 이것은 아마 지식과 권력의 제도가 그 사소한 일상의 무대를 엄숙한 담론으로 뒤덮을 수 있기 위한 하나의 조건이었을 것이다. 우리 사회는 쓸데없이 길게 이야기하고 분석하고 인식하는 온전한 기구機構를 나이에 상관없이 다들 하는 바로 그 행위, 머리가 단순한 사람과 조숙한 어린이가 교환하는 그 거의 공공연한 쾌락에 투입했는데, 이는 아마 역사상 최초의 현상이었을 것이다.

스스로 자신의 은밀한 삶의 특이성을 11권의 책으로 기록하는 데 열중한 무신앙無信仰의 영국인과 그의 동시대인, 성인 여자들이 거부한 호의를 얻기 위해 10~14살 소녀들에게 돈을 몇 푼 준 그 시골 멍청이 사이에는 의심할 여지없이 어떤 깊은 관계가 있다. 이 두 가지 극단 사이에서 성性은 어쨌든 말해야 할, 다양하나 제각기 구속력을 갖는 담론의 장치에 따라 철저하게 말해야 할 것이 되었다. 성은 섬세한 속내 이야기의 방식으로건 강압적 심문에 의해서건, 세련된 것이건 촌스러운 것이건 말해져야 한다. 역사에서 주이33로 부르고자 한 로렌 지방의 가련한 농부도 익명의 영국인도 다 같이 어떤 광범위한 다형적 명령에 굴복한다.

18세기부터 성은 일종의 일반화된 담론의 격발激發을 끊임없이 유발했다. 그래서 권력 밖에서나 권력에 대항해서가 아니라, 권력이 행사되는 바로 거기에서 권력행사의 수단으로서 성에 관한 담론이 증가했고, 도처에서 담론의 부양책, 청취와 기록의 장치, 관찰과 질문과 진술의 절차가 마련되었다. 성은 더 이상 엄폐되지 않고 담론의 존재에 얽매인다. 각자에게 자신의 성생활을 끊임없는 담론으로 만들라고 강요하는 특이한 절대적 요청에서 성에 관한 담론을 부추기고 도출하고 정돈하고 제도화하는 경제학, 교육학, 의학, 사법 영역의 다양한 메커니즘까지, 우리의 문명이 요구하고 조직화한 것은 바로 엄청나게 많은 말이다. 아마 다른 어떤 유형의 사회도 성에 관해 그토록 많은 담론을 비교적 매우 짧은 기간에 축적한 적이 없었을 것이다. 우리는 다른 어떤 것보다도 성에 관해 더 많이 말하고 있을 터인데도, 성에 관해 말하는 일에 열중하면서도, 기묘한 불안감 때문에, 성에 관해 충분히 말하지 않고 있다고, 너무 소심한 데다가 겁이 많다고, 너무나 분명한 것을 무기력과 의무감 때문에 감춘다고, 핵심이 언제나 우리의 손에서 빠져나간다고, 아직도 핵심을 찾아 나서야 한다고 확신하는 것이다. 우리 사회는 성에 대해 끝없이 관심을 갖고 동시에 가장 초조해 하는 사회일지도 모른다.

---

33 * Jouy는 "즐기다"라는 뜻뿐만 아니라 "쾌감의 절정에 이르다"라는 뜻을 갖는 프랑스어 동사 jouir의 과거분사 joui와 발음이 같다.

그런데 이 최초의 개관이 보여주는 것은 성에 관한 '하나의' 담론이라기보다는 오히려 갖가지 제도에 소용되는 일련의 도구 전체에 의해 생산되는 다수의 담론이다. 중세에는 육신(肉身)과 고해성사의 실천이라는 주제를 중심으로 대단히 단일한 담론이 준비되었다. 최근의 여러 세기 동안에는 그 상대적인 단일성이 인구통계학, 생물학, 의학, 정신의학, 심리학, 윤리학, 교육학, 그리고 정치평론에서 형성된 서로 뚜렷이 다른 담론성의 폭발 속에서 해체되고 분산되고 증식되었다. 더 나아가 욕정의 도덕신학과 고백의 의무(성에 관한 이론적 담론과 성에 관한 일인칭 언술)를 서로 결부시키는 견고한 끈이 끊어진 것은 아니지만 적어도 느슨해지고 다양화되었다. 18세기부터 합리적 담론 속에서 성이 대상화되는 현상과 각자 자기 자신의 성을 이야기하게 되는 움직임 사이에서 일련의 긴장, 갈등, 조정의 노력, 재再등록의 시도가 일어난 것이다. 그러므로 이러한 담론의 증가를 그저 연속적 확산이라고 말해서는 안 되며 오히려 담론이 실행되는 발원지의 분산, 담론 형태의 다양화, 그리고 담론 연결망의 복잡한 전개로 보아야 한다. 우리의 지난 세 세기를 특징짓는 것은 성을 숨기는 것에 대한 한결같은 근심이나 언어 일반의 우스꽝스러울 정도로 지나친 점잖음이라기보다는 성에 관해 말하기 위해, 성에 관해 말하게 하기 위해, 성으로부터 스스로에 관해 말하겠다는 약속을 얻어내기 위해, 성에 관해 이야기되는 것을 듣고 기록하고 옮겨 적고 재분배하기 위해 만들어낸 기구의 다양성과 폭넓은 분산이다. 성을 중심으로 생겨나는 다양하고 특수하고 강제적인 담론화의 조직 전체, 이것은 언어의 절제를 강요하는 고전주의 시대 이래의 대대적 검열일까? 중요한 것은 오히려 한결같고 다형적인 담론의 선동이다.

성에 관해 말하기 위해 그토록 많은 자극과 속박적 메커니즘이 필요한 것은 바로 어떤 기본적 금기가 전반적으로 퍼졌기 때문이라는 반론이 제기될 수 있다. 분명한 필요성, 가령 경제적 절박성, 정치적 유용성만이 그러한 금기를 제거할 수 있었고 언제나 제한되고 세심하게 코드화되지만 성에 관한 담론으로 이르는 몇 가지 통로를 열 수 있었던만큼, 성에 관해 그토록 많이 말하는 것, 엄격한 조건이 따라붙지만성에 관해 말하게 하기 위해 규칙적으로 다시 나타나는 그토록 많은장치를 설치하는 것은 성이 비밀에 싸여 있고 특히 성을 비밀에 싸인상태로 유지하려는 노력이 이루어진다는 것을 입증하지 않을까? 그러나 성이 담론을 벗어나 있고 장애물의 제거, 비밀의 타파만이 성에 이르는 길을 열 수 있다는 이 매우 진부하고 막연한 주제를 올바르게 검토할 필요가 있을지 모른다. 이 주제는 담론을 유발하라는 명령의 일부를 이루지 않을까? 실행되는 모든 담론의 외부 한계에서 성을 어떻게든 폭로해야 할 비밀이라고, 이를테면 부당하게 침묵으로 내몰리고말하기가 어렵고 동시에 필요하며 위험하고 동시에 귀중한 것이라고넌지시 암시하는 것은 성에 관해 말하도록, 성에 관해 말하는 일을 언제나 다시 시작하도록 부추기기 위해서가 아닐까? 기독교의 교서는성을 전형적인 고백의 대상으로 삼음으로써, 언제나 성을 섬뜩한 수수께끼로, 즉 끈질기게 모습을 내보이는 것이 아니라 도처에서 모습을 감추는 것, 흔히 가장된 낮은 목소리로 말하는 만큼, 누구나 들으려 하지 않을 우려가 있는 은밀한 현전現前으로 제시했다는 것을 잊어서는 안 된다. 성에 관해 말하도록 부추기는 모든 선동이 성의 비밀을 깨뜨리려고 하건, 말하는 방식 자체에 의해 성의 비밀이 막연히 지속되건 성의 비밀은 아마, 그 모든 선동의 자리를 결정하는 기본적 실체가 아닐 것이다. 그것은 오히려 그 모든 선동의 메커니즘 자체에 속하는 주제, 즉 성에 관해 말하라는 요구를 구체화하는 방식, 성에 관한 담론의 한없는 확산적 유통에 불가결한 허구이다. 근대 사회에 고유한 것은 근대 사회가 성을 어둠 속에 머물도록 운명지었다는 점이 아니라, 근대 사회가 성을 '그' 비밀로 내세움으로써 언제나 성에 관해 말할 운명이었다는 점이다.

2

성적 도착의 확립

담론의 선동煽動에 대한 반론은 얼마든지 가능하다. 가령 이러한 담론의 급증을, 마치 말하는 것이 별것 아닌 듯이, 성에 관해 말하면서 성에 부과하는 절대적 요청의 형태보다 성에 관해 말한다는 사실 자체가 더 중요한 듯이, 단순한 양적 현상, 순수한 증가 같은 어떤 것으로 생각하는 것은 잘못일지 모른다. 사실 성의 담론화는 엄밀한 생식의 질서에 귀속되지 않는 여러 성생활의 형태를 현실로부터 몰아내야 할 책무, 즉 불임不姙으로 귀착하는 활동에 대해 아니라고 말하고 빗나간 쾌락을 추방하고 생식을 목적으로 하지 않는 관행을 줄이거나 배제하는 것에 의해 결정되지 않을까? 그토록 많은 담론을 통해 사소한 성적 도착倒錯의 사법적 단죄가 증가했고, 성적 부정행위가 정신병에 추가되었고, 유아기에서 노년까지 성적 발달의 표준이 규정되었고, 모든 가능한 탈선의 특징이 세심하게 식별되었고, 교육적 통제와 치료법이 체계화되었으며, 아무리 하찮은 환상일지라도 그것을 중심으로 모럴리스트들뿐만 아니라 특히 의사들이 과장된 혐오의 어휘 전체를 다시 불러 모았다. 이와 같은 활동들은 생식 중심의 성생활을 옹호하기 위해 그토록 많은 무익한 쾌락을 제거하려는 그만큼 많은 수단이 아닐까? 두세 세기 전부터 성생활을 중심으로 우리가 요란하게 떠들어대는 그러한 수다스러운 관심은 한 가지 기본적 근심, 즉 인구의 증가를 굳건히 유지하고 노동력을 재생산하고 사회관계의 형태를 갱신하는 것, 요컨대 성생활을 경제적으로 유용하고 정치적으로 보수적이게끔 정비하는 것에 달려 있지 않을까?

이것이 과연 목적인지는 잘 모르겠지만, 어쨌든 축소에 의해 목적을 달성하려고 애쓴 것은 아니다. 19세기와 우리 시대는 오히려 증가의 시대, 즉 성생활이 확산되고 잡다한 성생활의 형태가 강화되고 다양한 "성적 도착"이 확립되는 시대였다. 우리 시대는 여러 가지 이질적인 성생활을 끌어들였다.

18세기 말까지는 한결같은 관습과 속박적 여론을 제외하면 3가지 커다란 명시적 코드, 즉 교회법, 기독교의 교서, 민법이 성적 관례를 지배했다. 그것들은 제각기 독특한 방식으로 합법적인 것과 비합법적인 것의 분할을 결정했다. 그런데 그것들은 모두 부부 관계, 즉 부부 간의 성적 의무, 이 의무를 완수할 능력, 이것이 준수되는 방식, 이것에 수반되는 요구와 폭력, 이것을 구실로 행해지는 무익하거나 부적절한 애무, 이것에 따르는 생식능력 또는 이것을 충실히 따르면서도 아기를 갖지 않는 방식, 이것이 요구되는 시기(임신과 수유의 위험한 기간, 사순절 또는 단식의 금지된 기간), 이것의 빈번함 또는 드묾에 집중되었는데, 특히 이런 것들이 세세하게 규정되었다. 부부의 성性에는 여러 가지 규범과 권고가 끈질기게 따라다녔다. 부부 관계는 가장 강력한 속박의 중심이었고, 무엇보다도 많이 이야기되는 것이었으며, 다른 어떤 것보다도 상세히 고백되어야 하는 것이었다. 이 관계는 주된 감시의 대상이었으며, 문제가 있을 경우에는 증인 앞에서 입증되어야 했다. "나머지"는 훨씬 더 불명료했다. 가령 "남색男色"에 관한 규정의 불확실함이나 어린이의 성생활에 대한 무관심을 생각해 보라.

게다가 이 서로 다른 코드들 어디에서도 혼인관계의 규범에 대한 위반과 생식능력으로부터의 일탈이 명확히 구별되지는 않았다. 결혼의 규약을 파기하거나 야릇한 쾌락을 추구하는 것은 어느 경우에서건 마땅히 단죄해야 할 것이었다. 단지 중대성에 의해서만 구분될 뿐인 심각한 죄악의 목록에는 외도(결혼생활을 벗어난 육체관계), 간통, 미성년자 유괴, 정신적 또는 육체적 근친상간뿐만 아니라 남색 또는 여성의 "동성애"가 포함되었다. 재판소는 부정不貞이나 부모가 동의하지 않은 결혼 또는 수간獸姦만큼 동성애도 정죄할 수 있었다. 종교의 영역에서나 세속의 영역에서나 중시되는 것은 포괄적인 위법행위였다. 아마 "반反자연"[1]은 특별한 혐오의 낙인이 찍혔을 것이다. 그러나 반자연 역시 극단적인 것이긴 하지만 그저 "위법"의 형태로 인식되었을 뿐이다. 법령, 즉 결혼의 법령만큼 신성하고 사물의 질서와 인간의 차원을 결정하기 위해 마련된 법령을 어기는 것이기는 반反자연도 마찬가지였다. 성을 대상으로 하는 금지는 기본적으로 법적 성격의 것이었

1　* 자연스럽지 않은 것의 상태로서 특히 동성애를 지칭하는 경향이 있다.

다. 금지의 근거가 되곤 한 "자연" 역시 일종의 법이었다. 오랫동안 양성구유자兩性具有者는 범죄자나 비행자였는데, 그 이유는 양성을 구별하고 양성의 결합을 규정하는 법이 양성구유자의 인체 구조, 양성구유자의 존재 자체에 의해 혼란되었기 때문이다.

18~19세기에 일어난 담론의 폭발은 이 합법적 혼인관계 중심의 체제에 두 가지 변화를 가져다주었다. 우선 이성애적異性愛的 일부일처제一夫一妻制라는 중심으로부터 멀어지는 동향이 생겨난다. 물론 관례와 쾌락의 영역에서 준거가 되는 것은 여전히 이성애적 일부일처제와 이것의 내부 규칙이다. 그러나 이성애적 일부일처제는 점점 더 드물게, 어쨌든 갈수록 간단히 이야기되고 말 뿐이다. 사람들이 이성애적 일부일처제의 비밀을 더 이상 추적하지 않고, 이성애적 일부일처제를 날마다 주장하라고 요구하지도 않는다. 적법한 부부가 자신들의 통상적인 성생활에 대해 옛날보다 더 과묵해도 별 지장이 없게 된다. 적법한 부부는 아마 더 엄격할 터이지만 더 조용한 규범 구실을 하는 경향이 있는 반면에, 어린이의 성생활, 광인狂人과 범죄자의 성생활, 이성異性을 사랑하지 않는 사람의 쾌락, 몽상이나 강박관념 또는 사소한 조광증躁狂症이나 억제되지 않은 맹렬한 정념은 주의 깊게 검토된다. 예전에는 거의 감지되지 않은 이 모든 인물이 이제는 전면으로 나와서 발언권을 얻고 자신의 진실을 힘겹게 고백하기에 이른다. 아마 이 모든 인물이 덜 단죄되지는 않을 것이다. 그러나 이 모든 인물의 말에는 사람들이 귀를 기울이며, 적법한 성생활이 다시 검토된다 해도 이는 바로 역류의 동향에 의해, 이 다양한 주변적 성생활로부터이다.

이로 인해 성생활의 영역에서 "반反자연"의 특수한 차원이 추출된다. 이 차원에 속하는 것들은 간통이나 미성년자 유괴 같은 여러 가지 단죄되는(갈수록 덜 단죄되는) 다른 형태에 비해 자율성을 띤다. 가령 근친과 결혼하거나 남색을 행하는 것, 수녀를 유혹하거나 사디즘을 행하는 것, 아내를 저버리거나 시체를 범하는 것은 본질적으로 서로 다른 것이 된다. 여섯 번째 계명에 의해 포괄되는 영역이 해체되기 시작하는 것이다. 세속의 영역에서도 한 세기 이상 동안 행정적 감금의 가장 빈번한 이유들 가운데 하나였던 "방탕"의 막연한 범주가 해체된다. 방탕의 잔해로부터 한편으로는 결혼과 가족의 법제에 대한(또는 도덕에 대한) 위반이 떠오르고 다른 한편으로는 올바른 자연 상태의 침해(게다가 법에 의해 제재할 수 있는 침해)가 솟아오른다. 세 세기가 지났는데도 사그라지지 않고 있는 돈 후안의 신화를 설명해줄 수 있는 많은 근거 중의 하나는 아마 여기에 있을 것이다. 혼인관계 규범의 유명한 위반자라는 모습 아래, 가령 여자 도둑, 처녀 유혹자, 가족의 수치, 남편과 아버지의 모욕자라는 모습 아래 또 하나의 인물, 즉 자기 자신의 의지에도 불구하고 성의 어두운 광기에 젖어든 인물이 드러난다. 방탕자의 모습 아래 성도착자性倒錯者가 나타난다. 그는 고의로 법을 파기할 뿐만 아니라, 이와 동시에 뒤틀린 기질 같은 것 때문에 자연으로부터 철저하게 멀어진다. 그의 죽음은 침해侵害와 제재의 초자연적 회귀回歸가 반反자연 속으로의 탈주脫走와 교차하는 순간이다. 서양이 성을 규제하기 위해 차례로 고안한 두 가지 중요한 규범 체계, 즉 혼인관계의 법과 욕망의 질서, 이 두 가지의 경계에서 출현한 돈 후안의 존재는 혼인관계의 법과 욕망의 질서를 모두 무너뜨린다. 그가 동성애자同性愛者였는지, 자기도취증 환자였는지, 또는 성불능자였는지는 정신분석가로 하여금 검토하도록 내버려 두자.

　부부 생활의 자연법과 성생활의 내재적 규범은 느리고 모호하게나 마 두 가지 서로 다른 장부에 등록되기 시작한다. 점점 뚜렷해지는 성 적 도착의 세계는 법 또는 도덕에 대한 위반의 세계와 분명히 구분되 지만, 이 위반의 세계와 상이한 것일 뿐만이 아니다. 온전한 하층민이 생겨나는데, 그들은 몇 가지 유사점에도 불구하고 예전의 방탕자와는 다르다. 18세기 말부터 금세기2까지 그들은 늘 법에 의한 것은 아니지 만 추적당하고 언제나 감옥 안인 것은 아니지만 흔히 감금당하는 처지 에서 어쩌면 병자로서일 터이지만 대개의 경우 파렴치하고 위험한 희 생자로서, 악덕과 때로는 불법행위의 이름도 갖는 이상한 악행의 제 물로서 사회의 빈틈을 찾아 이리저리 몰려다닌다. 너무 일찍 철이 들 어 교활해진 어린이, 조숙한 소녀, 성적 정체성이 모호한 중학생, 행 실이 미심쩍은 하인이나 가정교사, 잔인하거나 편집광적인 남편, 고 독한 수집가蒐集家, 기괴한 충동을 지닌 산책자. 그들은 징계위원회, 교화원, 감화원, 재판소, 정신병원을 들락거리고, 의사에게는 야비 한 언행을 내보이며, 재판관에게는 질병을 내세운다. 그들은 비행자 와 인접하고 광인과 유사한 수많은 성도착자의 부류이다. 그들에게는 한 세기 동안 연속적으로 "도덕성 장애", 3 "성기性器의 신경증", "성감 性感의 비정상", 또는 "정신의 불균형"이라는 낙인이 찍혔다.

─────

2　　* 20세기이다.

3　　* folie morale. moral insanity의 프랑스어 표현이다. folie de moralité라고도 한 다. 정신병질(精神病質)의 인물이 내보이는 도덕상의 장애 전체, 즉 정상적 도덕 관념의 부재 또는 문란(紊亂)을 뜻한다. 정신병질적 인격이라고 볼 수 있다.

이 모든 주변적 성생활의 출현은 무엇을 의미할까? 그것들이 백일하에 나타날 수 있다는 사실은 규제가 느슨해진다는 징후일까? 또는 그것들이 그토록 많은 관심의 대상으로 부각된다는 사실은 그것들을 엄격히 통제하려는 더 가혹한 체제와 노력을 입증하는 것일까? 억압의 견지에서 보자면 사태는 양면적이다. 19세기에 성범죄에 대한 법규의 엄격함이 상당히 완화되었고 사법권이 종종 의학으로 넘어갔다는 사실을 생각한다면 이는 관용이다. 그러나 교육학과 치료법에 의해 확립된 모든 통제 영역과 감시 메커니즘을 생각한다면 이는 엄격함의 보충적 책략이다. 부부의 성생활에 대한 교회의 개입과 생식에서의 "부정행위"에 대한 교회의 거부는 200년 전부터 덜 집요해졌을지 모른다. 그러나 의학은 부부의 쾌락으로 대거 몰려들었다. 가령 의학은 "불완전한" 성적 습관에서 생겨났을 기관이나 기능 또는 정신의 병리학을 온전한 형태로 찾아냈고 모든 형태의 부수적 쾌락을 세심하게 분류했고 부수적 쾌락을 본능의 "전개"와 "혼란"에 통합했고 부수적 쾌락의 관리를 시도했다.

중요한 것은 관용의 수준이나 억압의 정도가 아니라, 행사되는 권력의 형태이다. 식생植生4과도 같은 잡다한 성생활을 마치 제거하기 위해서인 듯 일일이 명명하는 것은 그것들을 현실로부터 축출하는 것일까? 거기에서 행사되는 권력의 기능은 금기의 기능이 아닌 듯하다. 단순한 금지와는 전혀 다른 네 가지 작업이 중요한 문제였을 것이다.

4　* végétation. 집합명사로서 '어느 지역의 식물군 전체'라는 의미이다. "잡다한 성생활"을 무성한 식물군의 이미지로 표현한 것이다.

1. 한편으로 근친 혼인관계(아무리 많고 아무리 복잡하다 할지라도)의 오랜 금지 또는 어쩔 수 없이 빈번하게 일어나는 간통의 단죄斷罪가 있다고 하자. 다른 한편으로 19세기부터 어린이의 성생활을 둘러싸고 어린이의 "고독한 습관"5을 몰아내려는 최근의 통제가 있다고 하자. 이 양자가 동일한 권력 메커니즘이 아니라는 것은 명백하다. 후자는 의학이고 전자는 법이며, 후자는 길들이기이고 전자는 형벌이기 때문일 뿐만 아니라, 적용 전술이 동일하지 않기 때문이기도 하다. 겉보기에 이 두 경우는 어느 것이나 항상 실패하게 되어 있고 언제나 다시 시작할 수밖에 없는 근절根絶의 임무를 맡는다. 그러나 "근친혼"의 금지는 단죄되는 대상의 점근선漸近線적 감소를 통해 목적을 이루려고 하는 반면에, 어린이의 성생활에 대한 통제는 권력과 대상의 동시적 확산을 통해 목적에 도달하고자 한다. 이 통제는 무한히 계속되는 이중의 증가에 따라 진행된다. 교육자와 의사는 어린이의 수음을 누구나 근절시키고 싶어 할 전염병이라고 공격했다. 사실 어린이의 성을 중심으로 성인의 세계를 동원한 100년 동안의 조직적 활동 전체는 이 미소微小한 쾌락6에 기대고 이 쾌락을 비밀로 설정하고(다시 말해서 이 쾌락을 발견할 수 있게 되도록 이 쾌락을 감추어지게끔 강제하고) 이 쾌락의 맥락을 거슬러 올라가고 이 쾌락의 원인과 결과에 주의를 기울이고 이 쾌락을 유발하거나 쉽사리 허용할지 모르는 모든 것을 추적하는 것이

---

5   * habitudes solitaires. 습관적 자위(自慰) 행위를 가리킨다.
6   * "100년 동안의 조직적 활동"이라는 거창한 표현과 "미소한 쾌락"이라는 어린이의 수음의 하찮음 사이에 뚜렷한 대조가 느껴진다.

었다. 이 쾌락이 위험하게도 표면화될 수 있는 곳이라면 어디에나 감시장치가 갖추어졌고 고백을 강요하기 위한 덫이 설치되었고 교정矯正의 담론이 끝없이 부과되었고 부모와 교육자에게 위험이 경고되었고, 모든 어린이가 유죄라는 의혹과 모든 어린이를 충분히 의심하지 않으면 자신들이 유죄이게 된다는 두려움이 부모와 교육자 사이에 퍼졌고, 부모와 교육자가 그 반복되는 위험 앞에서 경각심을 잃지 않게 되었고, 부모와 교육자의 행동이 규정되었고, 부모와 교육자를 위한 교육이 다시 코드화되었고, 가족의 공간에 온전한 의학적-성적 체제의 발판이 확고하게 마련되었다. 어린이의 "악습"은 적敵이라기보다는 오히려 매체이고, 분명히 일소해야 할 죄악으로 지정될 수 있지만, 그것의 일소가 필연적으로 좌절된 점이나 그 매우 무익한 임무에 극단적으로 열중하는 사람들의 모습을 감안할 때, 누구나 어린이의 악습에 대해 그것이 영원히 사라지기보다는 존속하기를 요구하고 가시적인 것과 비가시적인 것의 경계에서 증식하기를 요구하지 않나 하고 의심하지 않을 수 없다. 권력의 표적標的이 권력과 보조를 맞춰 현실 속으로 접어들면서 확대되고 더 세분화되고 가지를 치는 사이에, 권력이 이 디딤돌을 따라 나아가는 과정에서 권력의 거점과 효과가 늘어난다. 겉보기에 권력은 차단장치인 듯하지만, 사실상 어린이를 중심으로 무수히 많은 '침투선'을 설치한 것이다.

2. 주변적 성생활에 대한 이와 같은 새로운 추궁으로 인해 '성적 도착의 등재'와 '개인의 새로운 명시'가 이루어진다. 고대의 민법 또는 교회법에서 남색은 금지된 행위의 한 가지 유형이었고, 남색의 장본

인은 사법적 제재의 대상일 뿐이었다. 19세기에 동성애자同性愛者는 중요한 인물이 되었다. 동성애자의 과거, 내력과 유년기, 성격, 생활 양식, 또한 절제가 결여된 생체의 구조와 어쩌면 수수께끼 같은 생리, 그리고 체형이 세세하게 조사된 것이다. 요컨대 동성애자에게서는 모든 것이 성생활과 관련된다. 동성애자는 어떤 면모에서건 성생활이 묻어난다. 동성애자에게 성생활은 모든 행동을 지배하는 은밀하고 한 없이 활성적인 원리이기 때문에 모든 행동에 잠재되어 있고, 언제나 드러나는 비밀이기 때문에 파렴치하게도 얼굴과 몸에 새겨져 있으며, 예사로운 죄보다는 특이한 기질처럼 동성애자와 불가분의 것이다. 동성애라는 심리학적, 정신의학적, 병리학적 범주는 동성애가 성관계의 한 가지 유형으로보다는 오히려 성적 감성의 어떤 특성으로, 자기 자신의 마음속에서 남성적인 것과 여성적인 것을 전도시키는 어떤 방식으로 특징지어진 시기, 즉 "상반되는 성감性感들"에 관한 베스트팔의 유명한 논문이 발표되는 1870년에[7] 온전히 성립되었다는 것을 잊어서는 안 된다. 동성애는 남색의 관행이었다가 일종의 내면적 양성구유兩性具有, 영혼의 반음양半陰陽이 되었을 때 성생활의 한 가지 형상으로 출현했다. 남색가는 과오를 반복하는 사람이었던 반면, 이제 동성애자는 하나의 종種이다.

19세기의 정신의학자들이 곤충처럼 채집하여 기이한 세례명을 붙이는 그 사소한 성도착자들 역시 종種이기는 마찬가지이다. 가령 라제그[8]의 노출광, 비네[9]의 페티시스트, 크라프트-에빙[10]의 동물성애자

---

7   Westphal, *Archiv für Neurologie*, 1870.

와 조에라스트, **11** 로레더**12**의 오토-모노섹쉬알리스트**13**가 있고, 나중에는 믹소스코포필, **14** 여성형 유방乳房의 남자, 프레스비오필, **15** 성미학적性美學的 준準동성애자, **16** 성교 불쾌증의 여자가 등장하게 된다. 이 멋진 이단적異端的 명칭들은 법망을 벗어나기에 충분할 정도로 소홀히 다루어질지 모르지만 더 이상의 분류 범주가 없는 경우에도 계속해서 종을 산출할 정도로는 기억될 사람에게 붙여진다. 이 잡다한 것 전체를 추적하는 권력의 기계론은 이것에 분석적이고 가시적이고 항구적인 실체를 부여함으로써만 이것을 근절할 수 있다고 주장한다. 따라서 이것을 육체에 깊이 박이게 하고 행동 속으로 미끄러져 들어가게 하고 분류와 이해 가능성의 원리로 만들고 무질서의 존재이유 겸

---

8 * Charles Ernest Lasègue (1816~1883). 프랑스의 의사, 신경의학자.
9 * Alfred Binet (1857~1911). 심리학자로서 실험심리학의 창시자인데, 1887년 '페티시즘'이란 말을 처음으로 사용한다('노출증'이란 용어도 1868년에 그가 처음으로 사용했다고 한다).
10 * Kraft-Ebing (1840~1902). 독일의 정신병의학자 겸 범죄학자.
11 * zoóéraste. 동물을 애무하거나 동물의 성교를 보면서 성적 흥분을 느끼는 경향의 사람이나 입이나 성기로 가축과 접촉하고 싶어하는 사람.
12 * Hermann Rohleder. 수음과 양성구유에 관한 저서를 남긴 독일 성 의학자이다.
13 * auto-monosexualiste. 자위만으로 성적 만족을 얻을 수 있는 매우 자기도취적인 사람.
14 * mixoscopophile. 남녀를 가리지 않고 남의 성적 활동을 집요하게 들여다봄으로써 성적 만족을 얻는 사람이다. voyeur (남의 정사 장면을 훔쳐보는 변태성욕자)와 의미가 비슷한 용어이다.
15 * presbyophile. 연상의 사람에게서 성적 매력을 느끼는 사람. gérontophile과 유사하다.
16 * inverti sexoesthétique. inverti는 심리적으로 동성의 존재에 대해서만 성적 친화력을 느끼는 사람이다.

자연스러운 범주로 설정한다. 이는 그 많은 비정상적 성생활의 축출일까? 아니다. 그것들 하나하나의 명시, 국부적局部的 확정이다. 그것들을 퍼뜨림으로써 그것들을 현실에 산재하게 하고 개인에게 통합하는 것과 관련이 있다.

3. 이러한 형태의 권력은 낡은 금기보다는 오히려 굳은 의지와 관심 그리고 호기심이 있어야 행사될 수 있고, 여러 가지 근접을 전제로 하고, 집요한 검토와 관찰을 통해 나아가고, 고백을 강요하는 질문과 심문을 벗어나는 속내 이야기를 가로질러 담론의 교환을 필요로 하고, 물리적 접근과 강렬한 감각의 작용을 끌어들인다. 기괴한 성생활의 의학화는 이 모든 것의 결과인 동시에 수단이다. 육체에 박이고 개인의 본질적 성격이 된 성의 기묘한 요소들이 건강과 병적인 것의 기술에 종속된다. 역으로 이러한 성생활이 의학적이거나 의학화될 수 있는 것인 이상, 인체의 내부나 피부의 표면 또는 행동의 모든 징후 사이에서 성생활을 다름 아닌 상해傷害나 기능장애 또는 증후로 곧장 간과해야 한다. 이런 식으로 성생활을 떠맡는 권력은 육체를 건드릴 준비를 갖추고 육체를 눈으로 살피고 육체의 부위를 강화하고 표피를 강하게 자극하고 심한 요동의 순간을 극화한다. 권력이 성적 육체의 허리를 양팔로 얼싸안는다. 이는 아마 효율성의 증대, 그리고 통제 영역의 확대일 것이다. 또한 권력의 관능화官能化와 쾌락의 이득일 것이다. 이로부터 이중의 효과가 생겨난다. 즉, 권력의 행사 자체에 의해 권력에 자극이 가해지고, 감시하는 통제가 흥분으로 보상받아 더 멀리까지 미치고, 진한 고백에 의해 묻는 자의 호기심이 유발되고, 밝혀진

쾌락을 에워싸는 권력 쪽으로 쾌락이 역류한다. 그리고 대답해야 하는 사람의 경우에 그가 느끼는 쾌락은 그토록 많은 집요한 질문에 의해 특이성을 띠고, 시선에 의해 고정되고, 관심에 의해 하나하나 분리되고 부추겨진다. 권력은 소환 메커니즘처럼 작용한다. 권력은 불러낸다. 권력은 자신이 감시하는 그 야릇한 언동言動들을 끌어낸다. 쾌락을 몰아내는 권력 쪽으로 쾌락이 확산되고, 권력은 자신이 엄폐물에서 끌어낸 쾌락을 정착시킨다. 의료 검진, 정신의학적 조사, 교육학적 보고報告, 가족의 통제는 비생산적이거나 빗나간 모든 성생활에 대해 아니라고 말하는 것이 바로 전반적이고 분명한 목적일 수 있지만, 사실상 이중의 추진력을 지닌 메커니즘, 즉 쾌락과 권력으로 작용한다. 한편으로는 질문하고 감시하고 숨어서 노리고 엿보고 뒤지고 만지고 밝혀내는 권력을 행사하는 즐거움이 있고, 다른 한편으로는 이러한 권력에서 벗어나거나 이러한 권력을 피하거나 속이거나 왜곡할 필요가 있다는 점 때문에 생겨나는 만족이 있다. 권력이 한편으로는 추적의 대상인 쾌락에 침입 당하게 되고 다른 한편으로는 쾌락 속에서 명확해지면서 모습을 나타내거나 분개하거나 저항한다. 이는 장악하기 위한 술책이자 유혹이며, 대결이자 상호적 보강이다. 가령 부모와 자식, 어른과 청소년, 교육자와 학생, 의사와 환자는 히스테리 환자와 성도착자에 대해 정신의학자가 그랬던 것처럼 19세기부터 끊임없이 이러한 놀이를 했다. 이와 같은 소환, 회피, 순환적 선동으로 인해 성과 육체의 주위에는 뛰어넘지 못할 경계가 아니라 권력과 쾌락의 '끝없는 나선螺旋'이 설치되었다.

4. 이로부터 19세기의 사회적 공간과 관습을 그토록 특징짓는 '성생활 포화飽和의 장치'가 유래한다. 근대 사회는 성생활을 부부, 가능한 한 합법적인 이성애 부부에 한정시키려고 시도했다고 흔히들 말한다. 또한 이 이성애 부부는 다양한 요소와 유통 중인 성생활을 갖는 집단들 — 위계를 이루고 있거나 나란히 맞대고 있는 권력 지점들의 분포, "추적당하는" 쾌락, 다시 말해서 욕망되는 것이면서 동시에 내쫓기는 쾌락, 허용되거나 장려되는 세분된 성생활, 감시 방식으로 제시되고 강화 메커니즘으로 작용하는 근접, 유도誘導하는 접촉을 내포하는 집단들 — 을 만들어내지는 않았을지언정 적어도 세밀하게 조정했고 무수히 늘어나게 했다고는 말할 수 있을지 모른다. 가족, 더 정확히 말해서 부모와 자식, 그리고 어떤 경우에는 하인이 함께 생활하는 집안에 대해서도 마찬가지이다. 19세기의 가족은 정말로 일부일처제와 부부를 중심으로 한 사회의 기본 단위일까? 아마 어느 정도로는 그럴 것이다. 그러나 19세기의 가족은 또한 변화 가능한 관계로 인해 다양한 요소에 따라 맞물리는 권력-쾌락의 망網이기도 하다. 어른과 어린이의 분리, 부모의 침실과 아이들의 침실 사이에 확립된 양극 구조(이 양극 구조는 19세기 동안 민간 주거가 대대적으로 건설될 때 철칙이 되었다), 사내아이와 계집아이의 상대적 격리, 세심한 육아育兒의 엄격한 수칙(어머니의 수유授乳, 위생), 어린이의 성생활에 대한 부단한 관심, 추정된 수음의 위험, 사춘기에 부여되는 중요성, 보모에게 암시되는 감시 방법, 훈계, 비밀과 두려움, 필요를 인정받음과 동시에 꺼려지는 하인의 존재, 이 모든 것으로 인해 가족은 가장 작은 규모로 축소된 형태까지도 단편적이고 유동적인 다수의 성생활로 포화된 복잡한 조직

망이 된다. 부부관계를 금지된 욕망의 형태로 아이들에게 투사投射할 지도 모를 위험을 무릅쓰고 이 다수의 성생활을 부부관계에 몰아넣는 것으로는 이 다수의 성생활에 대해 금지의 원칙이라기보다는 선동과 증가의 메커니즘인 이 장치를 설명할 수 없다. 가족과 나란히 학교나 정신병원은 많은 구성원, 위계, 공간의 배치, 감시체계 때문에 권력과 쾌락의 상호작용을 확산시키는 또 다른 방식을 구성할 뿐만 아니라, 가족과 마찬가지로 교실, 기숙사, 왕진이나 검진 같은 특권적 공간이나 관례로 인해 심한 성생활 포화의 영역으로 드러난다. 부부, 이성애, 일부일처제에서 벗어난 성생활의 형태들은 거기로 소환되고 배치된다.

19세기의 "부르주아" 사회는, 아마 우리 사회도 그럴 것인데, 성적 도착倒錯이 눈부실 정도로 분산되어 있는 곳이다. 결코 위선의 방식으로가 아니다. 실제로 어떤 것도 성적 도착보다 더 명백하거나 말이 많지 않았고 더 명백하게 담론화되거나 제도화되지 않았다. 결코 부르주아 사회가 성생활에 대해 너무 엄격하거나 너무 일반적인 장벽을 세우려고 한 탓으로 본의 아니게 성적 도착의 발아發芽와 폭넓은 성적 본능의 병리학을 야기했을 것이기 때문이 아니다. 중요한 것은 오히려 부르주아 사회가 육체와 성에 작용하게 한 권력의 유형이다. 이 권력은 당연하게도 법의 형태나 금기의 효력을 갖기는커녕 반대로 여러 가지 특이한 성생활의 확대를 통해 작용한다. 이 권력은 성생활에 경계를 정하지 않고, 무수히 많은 침투선을 따라 성생활의 다양한 형태를 추적하면서 동시에 영속화하고, 성생활을 배제하기는커녕 오히려 성생활을 개인의 명시 방법으로 육체에 끌어넣고, 성생활을 회피하려고 애쓰지 않고, 쾌락과 권력이 서로 강화되는 나선을 통해 성생활의 변종들을 불러들이고, 장벽을 세우지 않고, 최대 포화의 장소를 정비한다. 이 권력은 잡다한 성생활을 새로 만들어내고 정착시킨다. 근대 사회는 결코 '청교도 윤리에도 불구하고' 또는 '위선의 여파餘波에 의해서인 듯'이 성도착적인 것이 아니라 '실제로' 성도착적이기도 하고 '직접적으로' 성도착적이기도 하다.

실제로 그렇다. 다양한 성생활, 가령 나이에 따라 나타나는 성생활(젖먹이 또는 어린이의 성생활), 취향이나 습관으로 정착되는 성생활(준準동성애자, 제롱토필, 17 페티시스트 등의 성생활), 관계를 확산적으로 둘러싸는 성생활(의사와 환자, 교육자와 학생, 정신의학자와 광인 관계의 성생활), 공간에 들러붙는 성생활(가정, 학교, 감옥의 성생활)은 모두 분명한 권력절차의 상관물을 형성한다. 누구나 노동력과 가족의 형태를 증식시킬 수 있는 유일한 유형의 성생활에 조절의 역할을 부여하고자 했을 때 이전에는 용인된 이 모든 것이 새롭게 관심을 끌었고 경멸을 받아 마땅한 것으로 규정되었다고 생각해서는 안 된다. 이 다형多形의 행동들은 실제로 인간의 육체와 쾌락에서 도출되었고, 더 정확히 말해서 인간의 육체와 쾌락으로 구체화되었으며, 다양한 권력장치에 의해 소환되고 분명히 밝혀지고 하나하나 분리되고 강화되고 통합되었다. 성적 도착의 증가는 빅토리아 여왕 시대 사람들의 엄격한 정신을 사로잡았을 교훈적 주제가 아니라, 육체와 육체적 쾌락에 대한 한 가지 권력 유형의 간섭에서 기인한 실제의 소산이다. 서양은 새

---

17 * gérontophile. 나이 차가 많이 나는 상대와 사랑에 빠지는 젊은 사람.

로운 쾌락을 만들어낼 수 없었을지 모르며, 아마 새로운 악덕을 발견하지도 못했을 것이다. 그러나 서양은 권력과 쾌락의 상호작용에 대해 새로운 방침을 명확히 했다. 이에 따라 여러 가지 성적 도착의 굳은 얼굴이 서양에서 점점 뚜렷해졌다.

직접적으로 그렇다. 이 다양한 성적 도착의 확립은 지나치게 억압적인 법을 성생활에 적용했을 권력에 대해 복수하는 성생활의 냉소도 아니고, 권력 쪽으로 돌아서서 권력을 '감내해야 할 쾌락'의 형태로 둘러싸는 역설적 형태의 쾌락이 중요한 것도 아니다. 성적 도착의 확립은 수단이자 결과이다. 즉, 성과 쾌락에 대한 권력의 관계가 퍼져나가고 증가하고 육체를 물들이고 행동에 스며드는 것은 바로 주변적 성생활의 격리, 강화, 공고화에 의해서이다. 그리고 권력의 이 돌출부에는 분산된 성생활이 나이, 장소, 취향, 습관의 유형에 따라 곤충처럼 채집採集되어 핀으로 고정된다. 권력의 확대로 인한 성생활의 확산, 이 국지적 성생활들 각각에 의해 개입의 표면을 부여받는 권력의 증대가 분명히 감지된다. 이와 같은 연쇄는 특히 19세기부터 무한한 경제적 이익에 의해 보장되고 대체되는데, 경제적 이익은 의학, 정신의학, 매춘, 포르노그라피의 매개 덕분으로 쾌락의 분석적 확산과 동시에 쾌락을 통제하는 권력의 증대로 이어졌다. 쾌락과 권력은 서로 상쇄되지도 서로에게 등을 돌리지도 않는다. 쾌락과 권력은 서로 뒤쫓고 서로 겹치고 서로 활성화한다. 쾌락과 권력은 복잡하고 확실한 자극과 선동의 메커니즘에 따라 서로 얽힌다.

그러므로 근대의 산업사회가 성에 대해 한층 더 억압적인 시대를 열었다는 가설은 아마 폐기해야 할 것이다. 이단적 성생활의 폭발적 증가가 뚜렷이 목격되고 있을 뿐만이 아니다. 특히 중요한 점으로서 법과는 전혀 다른 장치가 있는데, 이것이 비록 국지적으로는 금지의 절차에 기댄다 할지라도, 이것의 메커니즘들이 하나의 망을 이룸으로써, 특유한 쾌락의 급증과 잡다한 성생활의 증가가 보장된다. 어떤 사회도 이보다 더 우스꽝스러울 정도로 과장된 성적 절제의 태도를 내보이지 않았을 것이라고, 권력의 심급이 스스로 금지하는 것과 어떤 공통점도 없기를 바라기라도 하는 듯이 스스로 금지하는 것을 무시하는 체하는 데 더 많은 노력을 결코 기울이지 않았을 것이라고들 말한다. 적어도 전반적 개관으로 드러나는 것은 반대의 현상이다. 더 많은 권력의 중심, 더 많은 명백하고 수다스러운 관심, 더 많은 접촉과 순환적 관계, 강렬한 쾌락과 집요한 권력이 더 멀리 퍼져 나가기 위해 서로에게 불을 붙이는 더 많은 아궁이가 존재한 적은 결코 없었다.

제 3 장

스키엔티아
섹수알리스

Histoire de la sexualité

나는 처음의 두 가지 사항에 대한 나의 견해가 인정되리라고 추정하며, 성에 관한 담론이 세 세기 전부터 지금까지 감소했다기보다는 오히려 증가했고 이 담론으로 인해 금기와 단죄가 야기되었다 해도 더 근본적으로는 잡다한 성생활 전체의 공고화와 확립이 이 담론에 의해 보장되었다는 주장을 누구나 받아들이리라고 생각한다. 그래도 여전히 이 모든 것은 본질적으로 방어의 역할만을 수행했을 뿐인 듯하다. 성에 관해 그토록 많이 말한다고 해도, 성이 편입된 바로 거기에서 성을 확대되고 세분되고 명시된 것으로 드러낸다 해도, 사실은 성을 은폐하고자 애쓸 뿐일지 모른다. 즉, 담론은 차폐막이고, 분산은 회피일지 모른다. 적어도 프로이트까지는 성에 관한 담론, 가령 학자와 이론가의 담론에서 대상의 은폐가 좀처럼 중단되지 않았을지 모른다. 그 모든 담론, 세심한 예방조치, 상세한 분석은 감당할 수 없고 너무나 위험한 성의 진실을 회피하기 위해 존재하는 그만큼 많은 절차로 간주될 수 있을지 모른다. 그리고 과학의 순화된 중립적 관점에서 성에 관해 말한다는 주장은 그 자체로 설득력이 있다. 성 자체에 관해 말하기가 가능하지 않거나 거부되는 가운데 과학은 특히 성의 영역에서 일어나는 착란, 도착, 예외적 기묘함, 비정상적 무력증, 병적 격화에 의거했으므로, 실제로는 공격을 살짝 피하는 활동이었다. 과학은 또한 본질적으로 도덕의 절대적 요청을 따를 수밖에 없었고, 도덕에 의한 분할을 의료규범의 형태로 되풀이했다. 도처에서 과학은 진실을 말한다는 구실 아래 공포를 부추겼고, 성생활의 아무리 사소한 변이變異일지라도 반드시 여러 세대에 영향을 미칠 엄청난 해악으로 상상했고, 소심한 사람의 은밀한 습관과 혼자 사는 사람의 사소한 기벽奇癖

도 사회 전체에 위험하다고 단언했고, 엉뚱한 쾌락의 끝머리에는 바로 죽음, 즉 개인의 죽음, 세대의 죽음, 인류의 죽음을 배치했다.

이런 식으로 과학은 의료의 실천과 밀접하게 연관되었는데, 의료의 실천은 집요하고 경박하고 혐오의 말을 수다스럽게 내뱉고 법과 여론에 호소하기를 조금도 주저하지 않고 진실의 요구를 따른다기보다는 질서의 힘에 굴복하는 것이었다. 가장 나은 경우에 본의 아니게 순진하고 가장 흔하게는 고의로 기만적이고 규탄의 대상에 동조적이고 오만하고 선정적인 과학은 19세기 끝 무렵의 특유한 현상, 즉 병적인 것의 희롱에 열중했는데, 프랑스에서 가르니에,[1] 푸이예,[2] 라두세트[3] 같은 의사들은 이 현상의 한심한 서기書記였고 롤리나[4]는 주창자였다. 그러나 과학은 막연한 쾌락을 넘어 다른 권한을 요구했고, 살균이라는 새로운 주제에 힘입어 성병에 대한 오랜 공포를 되살리고 공중보건의 최신 제도에 힘입어 광범위한 진화론적 신화를 끌어들임으로써 위생에 대한 절대적 요청의 종심終審재판소로 자처했고, 사회체[5]의 물질적 활력과 도덕적 청렴을 보장한다고 주장했으며, 결함을 지닌 사람

---

1 * Paul Garnier(1848~1905). 프랑스의 법의학자, 파리 경시청 유치소장으로 파리 법의학연구소에서 사법정신병리학을 강의했다.

2 * Th. Pouillet. 성 의학자, 남녀 양성의 자위 전문가. 《여성 자위의 형태, 원인, 징후, 결과, 처치에 관한 의학적·철학적 논고》(1876)를 썼다.

3 * Ed. Ladoucette. 프랑스의 성 의학자, 히스테리와 자위의 전문가로 《여성의 병》(1905), 《히스테리론》(1903), 《동성애론》(1903) 등을 펴냈다.

4 * Maurice Rollinat(1846~1903). 프랑스의 시인으로 《숨겨진 장소》(1883)와 《신경증》(1883)으로 유명하다.

5 * corps social. '사회의 육체'라는 의미로서 사회를 육체로 보는 관점을 내포한다.

이나 비정상인 또는 퇴화한 주민을 일소하겠다고 약속했다. 과학은 생물학과 역사의 긴급한 요청임을 내세워 당시에 나타나기 시작한 국가 차원의 인종차별을 정당화했다. 과학은 인종차별을 '진실'이라고 주장하는 근거가 되었다.

인간의 성생활에 관한 그 담론을 동일한 시대에 동물이나 식물의 생식에 관한 생리학과 비교할 때, 이 둘 사이의 괴리乖離는 깜짝 놀랄 만한 것이다. 과학성이 아니라 기초적 합리성의 측면에서조차, 그 담론의 내용은 인식의 역사에서 별도로 고찰해야 할 정도로 빈약하다. 그 담론은 기묘하게 혼란스러운 지대地帶를 형성한다. 19세기 전체에 걸쳐 성性은 서로 분명히 구분된 두 가지 범위의 지식, 즉 과학적 규범성에 따라 연속적으로 발전한 생식生殖의 생물학, 그리고 완전히 다른 형성의 규칙을 따르는 성의 의학에 포함되는 듯하다. 이 양자 사이에는 어떤 실제적 교환도 어떤 상호적 구조화도 일어나지 않았고, 전자는 후자에 대해 매우 허구적이고 간접적인 보증, 즉 정신상의 장애, 경제적이거나 정치적인 선택, 예로부터의 공포가 과학적 음조音調의 어휘로 다시 기록될 수 있도록 보장하는 전반적 보증의 역할밖에는 거의 어떤 역할도 하지 못했다. 마치 인간의 성, 그리고 이것의 상관관계와 영향에 관해 합리적 형태의 담론을 행한다는 주장이 기본적으로 저항에 부딪히는 듯이 모든 일이 일어났을지 모른다. 이와 같은 불균형은 분명히 그러한 유형의 담론이 결코 진실을 말하는 것이 아니라 거기에서 진실이 생산될 수 없도록 방해하기만 하는 것이었다는 징후일지 모른다. 생식의 생리학과 성생활의 의학 사이에서 찾아볼 수 있는 차이는 일정하지 않은 과학의 진보나 합리성의 형태들 사이에서 엿보이는 불균형 이상의 다른 것으로 해석되어야 할 것인데, 하나는 서양에서 과학 담론의 확립을 뒷받침한 그 막대한 지식의 의지에 속하는 반면, 다른 하나는 끈질긴 비非지식의 의지와 관련되어 있을지 모른다.

시대에 뒤떨어진 맹신뿐만 아니라 틀에 박힌 무분별, 즉 듣지도 보지도 않으려는 거부의 태도, 그러나 아마 핵심적일 사항으로서, 누구나 출현하게 만들거나 강압적으로 표명되기를 요구하는 바로 그것을 거부하는 태도가 19세기에 성에 관해 행해진 학자들의 담론에 스며들었다는 것은 부인할 수 없는 사실이다. 사실 몰이해는 진실에 대한 기본적 관계를 토대로 해서만 일어날 수 있을 뿐이다. 그것은 진실을 피하고 진실에 이르는 통로를 차단하고 진실을 가리기이다. 즉, 이중인화二重印畵에서처럼, 그리고 최종 심급의 우회에 의해, 필수불가결한 지식의 요구에 역설적 형태를 부여하러 오는 그만큼 많은 국지적 전술이다. 인정하려고 들지 않는 것도 역시 진실을 지향하는 의지의 결과이다. 샤르코6의 살페트리에르가 전형적인 사례이다. 그곳은 검사, 질문, 실험이 실행되는 거대한 관찰장치였을 뿐만 아니라, 공개강연이 이루어지고 에테르나 아밀 질산염을 이용하여 제의적祭儀的 발작의 무대가 세심하게 준비되고 대화對話, 촉진觸診, 안수按手가 활발하게 실행되는 종합설비이기도 했는데, 그곳의 위계화된 직원은 몰래 감시하고 조직하고 부추기고 기록하고 보고하고 막대한 관찰결과와 서류

---

6   * Jean Charcot (1825~1893). 프랑스의 병리해부학자, 특히 신경병리학 권위자. 살페트리에르 병원에서 1873년과 1884년에 이루어진 공개임상 강의를 책으로 펴내면서 국제적 명성을 얻는다. 19세기 말에 프로이트도 파리로 와서 샤르코의 강의를 듣는다.

를 축적하는 일에 종사했으며 의사들은 행위나 말로 여러 가지 태도를 취하거나 취하지 못하게 했다. 그런데 몰이해의 고유한 메커니즘이 작용하게 되는 것, 가령 공개 진찰에서 "그것"이 너무나 노골적으로 문제되기 시작하면 샤르코의 지시에 의해 공개 진찰이 중단되는 것, 더 빈번하게는 성에 관해 환자들이 말하고 내보였을 뿐만 아니라 의사들 자신이 관찰하고 요청하고 부추긴 것에 관한 서류가 점차로 없어지고 공표된 관찰기록에는 거의 전적으로 누락되는 것은 바로 담론과 진실 쪽으로의 그 끊임없는 독려를 배경으로 해서이다. 7 이러한 이야기에서 중요한 것은 누구나 눈을 가리고 귀를 막는다거나 누구나 잘못 생각한다는 점이 아니라, 무엇보다도 성을 중심으로 성에 관한 진실을 마지막 순간에 감출지언정 막무가내로 생산하는 거대한 장치가 구축되었다는 점이다. 핵심적인 사항은 성이 감각과 쾌락, 법이나 금지뿐만 아니라 진실과 거짓의 문제였다는 것, 성의 진실이 유용하건 위험하건, 아주 자세하건 끔찍하건 매우 중요한 것으로 변했다는 것, 요컨대 성이 진실의 관건으로 자리 잡았다는 것이다. 그러므로 프로이

---

7 예컨대, Bourneville, *Iconogrphie de la Salpêtrière*, pp. 110 및 그 이하 참조. 아직도 살페트리에르에 있을지 모르는 샤르코의 강의에 관한 미간행 자료는 이 점에 관해 공개된 텍스트보다 훨씬 더 명확하다. 부추김과 인멸의 상호작용은 거기에서 매우 분명하게 읽어낼 수 있다. 한 수고본(手稿本) 메모는 1877년 11월 25일의 임상 강의에 관한 것이다. 환자가 히스테리성 경련을 나타내자, 샤르코는 난소 부위에 우선 손을 대고 다음으로는 막대기 끝을 갖다 댐으로써 발작을 중단시킨다. 그가 막대기를 떼면, 발작은 재발하는데, 그는 아밀 질산염을 환자에게 흡입시킴으로써 발작의 빈도를 가속화시킨다. 그러자 환자는 어떤 은유도 내포하지 않는 말로 성기로서의 막대기를 요구한다. "헛소리를 계속하는 G. 는 다른 곳으로 옮겨진다."

트나 또 다른 사람의 깊은 영향 덕분으로 발견되었을지 모르는 새로운 합리성의 문턱이 아니라, 19세기가 우리에게 물려준 "진실과 성의 상호작용"이 점진적으로 형성(또한 변형)된 과정을 알아낼 필요가 있는데, 비록 우리가 이 상호작용을 변화시킬 수 있다 해도, 우리가 이 상호작용에서 벗어나 있다고 입증하는 것은 하나도 없다. 몰이해, 회피, 교묘한 모면은 이 이상한 기획企劃, 즉 성의 진실을 말하려는 기획에 바탕을 두고서만 가능했고 효과적일 수 있었다. 19세기에 "과학"의 계획에 따라 특이한 형태를 부여받았을지라도 19세기부터 시작되었다고는 보기 어려운 기획. 이 기획은 모든 비상식적이고 순진하고 교묘한 담론의 기반인데, 이와 같은 담론 속에서 성에 관한 지식은 그토록 오랫동안 길을 잃고 정처가 없는 상태였던 것 같다.

‡

성의 진실을 생산하는 데는 역사적으로 두 가지 주요한 방식이 있다.

한편으로는 '아르스 에로티카'8를 갖춘 사회. 그러한 사회는 중국, 일본, 인도, 로마, 그리고 회교권의 아랍 사회 등 매우 많았다. 성애性愛의 기술에서 진실은 실천으로 간주되고 경험으로 얻어지는 쾌락 자체로부터 도출된다. 쾌락이 고려되는 것은 허용된 것과 금지된 것에 관한 절대적 규범과 관련해서도, 결코 유용성이라는 기준에 의거해서도 아니다. 쾌락은 무엇보다도 먼저 쾌락 자체와 관련하여, 쾌락으로

---

8 * ars erotica. 성애(性愛)의 기술이란 뜻이다.

서, 따라서 쾌락의 강도, 쾌락의 특별한 속성, 쾌락의 지속기간, 육체와 영혼에 미치는 쾌락의 반향에 따라 인식해야 하는 것이다. 게다가 이러한 지식은 성행위 자체로 조금씩 다시 흘러들어 성행위를 마치 내부로부터인 듯이 진작하고 성행위의 효과를 증대시키게 되어 있다. 이러한 과정을 통해 대상에 낙인을 찍어야 할 만큼 혐오스럽다는 의혹 때문이 아니라 전통에 의하면 누설될 경우 실효성과 효력을 잃게 되는 만큼 가장 신중하게 다루어야 할 필요 때문에 계속해서 비밀로 남아 있어야 하는 지식이 구성된다. 그러므로 비밀을 보유한 스승과의 관계는 기본이고, 스승만이 지식과 온전한 엄격함으로 제자의 수행을 지도하는 입문入門의 끝에 이르러 비의적秘儀的 방식으로 이 기술을 전할 수 있을 뿐이다. 스승에 의해 전수되는 이 기술의 효과는 그 무미건조한 비결들에 비추어 추정할 수 있는 것보다 훨씬 더 풍부한 까닭에, 누구라도 이 기술의 이점을 얻게 되면, 가령 육체의 완벽한 통제, 독특한 기쁨, 시간과 한계의 망각, 장생長生의 영약靈藥, 죽음과 죽음에 대한 두려움의 극복에 이르게 되면 전혀 딴 사람이 되는 것이다.

우리의 문명은 적어도 처음으로 접근할 경우에는 '아르스 에로티카'를 지니고 있지 않다. 반대로 우리의 문명은 '스키엔티아 섹수알리스'9를 실천하는, 더 정확히 말해서 성의 진실을 말하기 위해 요컨대 입문의 기술 및 스승에 의해 전수되는 비밀과 전적으로 대립적인 권력-지식의 형태에 의거하는 방식을 수세기에 걸쳐 발전시킨 아마 유일한 문명일 것이다. 그 방식에서 중요한 것은 고백告白이다.

---

9   * scientia sexualis. '성의 과학'이란 의미의 라틴어.

서양사회에서 고백은 적어도 중세부터는 진실의 생산이 기대되는 주요한 관례에 포함되었다. 가령 1215년 라테라노 공의회10에 의한 고해성사告解聖事의 정비整備, 이로부터 연유한 고해 기술의 발전, 형사재판에서 이루어진 기소 절차의 후퇴, 유죄 판단의 기준(맹세, 결투, 신의 심판)의 소멸과 심문 및 조사 방법의 발전, 범법행위에 대한 소추訴追에서 왕의 행정권이 사적私的 화해의 방법을 축소시키고 차지하는 몫의 증대, 종교 재판소의 설치, 이 모든 것 덕분으로 고백은 세속 권력과 종교 권력의 영역에서 중심적 역할을 부여받았다. "고백"이란 낱말과 이것이 지칭한 사법적 기능의 변화는 그 자체로 특징적이다. 타인에 의해 어떤 사람에게 부여되는 신분, 정체성, 가치의 보증이라는 의미의 "인가認可"11는 점차 자취를 감추었고, 그 대신에 자신의 행위와 생각에 대한 어떤 사람의 인정이라는 의미의 "고백"이 등장했다. 개인은 오랫동안 다른 사람들의 보증과 타인에 대한 유대의 표명(가족, 충성, 후원)에 의해 공증公證되었으나, 그 후에는 자기 자신에 관해 말할 수 있거나 말해야 하는 진실한 담론에 의해 정당성을 인정받았다. 진실의 고백이 권력에 의한 개별화 과정의 핵심에 포함된

10　* 모두 다섯 차례에 걸친 공의회 가운데 중세 교황권의 정치적 위세를 명백하게 보여준 네 번째의 것으로, 이노센트 3세의 신앙고백, 십자군 원정의 결정, '화체'(化體)라는 용어와 연례적 고해성사 및 성체배령 계율의 채택이 이루어졌다.

11　* aveu. 여기에서는 '고백'이라는 의미가 아니다. 중세법에서는 봉신(封臣)이 자신에게 봉토를 준 자를 제후로 인정하는 행위 또는 그 증서를 뜻했다. 일종의 쌍무적 관계를 구성하는 것인데, 봉신은 받은 토지에 대한 세금을 납부해야 했고, 이른바 "토지세 증서"(*reconnaissance censuelle*)가 없는 사람은 어느 누구의 보호도 받을 수 없었다.

것이었다.

어쨌든 판단 기준의 관례와 비교해서, 전통의 권위에 의해 부여되는 보증과 비교해서, 증언뿐만 아니라 관찰과 입증의 세밀한 방법과 비교해서도 고백은 서양에서 진실을 생산하기 위한 가장 높이 평가되는 기술의 하나가 되었으며, 그때부터 우리는 고백이 유별나게 행해지는 사회에서 살게 되었다. 고백의 효과는 사법, 의학, 교육, 가족관계, 애정관계, 가장 일상적인 영역, 가장 엄숙한 의례로 멀리 퍼져나갔고, 누구나 자신의 범죄를 고백하고 자신의 과오를 고백하고 자신의 생각과 욕망을 고백하고 자신의 과거와 몽상을 고백하고 자신의 어린 시절을 고백하고 자신의 질병과 빈곤을 고백하고, 누구나 가장 말하기 어려운 것을 최대로 정확하게 말하려고 열심이고, 누구나 자신의 부모, 교육자, 의사, 사랑하는 사람에게 공개적으로나 사적으로 고백하며, 다른 누구에게도 할 수 없는 고백은 기쁨과 괴로움 속에서 자기 자신만이 볼 수 있을 뿐인 글로 쓰이기도 한다. 누구나 고백한다. 아니 누구나 고백을 강요당한다. 고백이 자발적이지 않거나 내면의 어떤 요청에 의해 행해지지 않을 때에는 위협이나 술책에 의해 고백을 억지로 끌어내는 일도 벌어진다. 고백을 영혼 밖으로 사냥감처럼 내몰거나 육체에서 떼어내는 것이다. 중세 이래 고문은 고백에 그림자처럼 따라붙고, 누구라도 고백을 거부하면 고문이 전면으로 나선다. 고백과 고문은 이를테면 서로에 대해 적의敵意로 가득 찬 쌍둥이인 셈이다.**12** 가장 참혹한 권력도 가장 무력한 애정처럼 고백을 필요

---

12 고대 그리스의 법에서 벌써 적어도 노예에 대해서는 고문과 고백이 짝을 이루었다.

로 한다. 서양에서 인간은 고백의 짐승이 되었다.

이로 인해 아마 문학이 변모했을 것이다. 즉, 용사勇士나 성자聖者의 "시련"에 관한 영웅적이거나 초자연적인 이야기에 중심을 둔, 이야기하고 듣는 즐거움은 물러나고, 고백의 형식 자체 때문에 도달할 수 없는 것으로서 번쩍거리는 진실을 자기 자신의 깊은 곳에서 낱말들 사이로 돋아나게 하려는 무한한 노력에 의해 지배되는 문학이 떠올랐다. 이로부터 또한 철학하기의 또 다른 방식, 즉 자기 자신의 마음속에서, 즉 어떤 잊어버린 지식이나 어떤 본래의 흔적 속에서뿐만 아니라, 그토록 많은 덧없는 인상을 가로질러 의식의 근본적 확실성을 나타나게 하는 자기 자신에 관한 검토 속에서 진실에 대한 기본적 관계를 모색하는 것이 가능하게 된다. 고백의 의무는 이제 그토록 많은 갖가지 지점으로부터 우리에게로 부과되고, 이제부터 우리가 고백을 더 이상 속박적 권력의 효과로 인식하지 못할 정도로 우리의 마음속 깊은 곳에 들러붙는데, 우리에게는 반대로 진실이 우리 자신의 가장 비밀스러운 곳에서 드러나기만을 "요구하는" 듯이 보이고, 진실이 드러나기에 이르지 않는 것은 진실이 속박되어 있고 난폭한 권력이 진실을 짓누르며 일종의 해방에 의해서만 마침내 진실이 마련될 수 있을 것이기 때문인 것으로 여겨진다. 고백은 해방하고, 권력은 침묵으로 몰아넣으며, 진실은 권력의 영역에 속하는 것이 아니라 본래부터 자유와 긴밀한 관계를 맺고 있다는 것이다. 이는 철학에서 찾아볼 수 있는 그만큼 많은 전

제정 시대의 로마법에서는 그 관행이 확대되었다. 이러한 문제는 *Pouvoir de la vérité*에서 재검토할 생각이다.

통적 주제로서, 진실이 본래적으로 자유로운 것도 아니고 오류가 예속적인 것도 아니라는 것, 진실의 생산에 권력관계가 온통 스며든다는 것을 보여주는 "진실의 정치사"에 의해 뒤집어져야 할지 모른다. 고백은 이러한 경우의 전형적 사례이다.

검열에, 말하기와 생각하기의 금지에 중요한 역할을 부여하기 위해서는 고백의 그 내재적 술책에 자진해서 걸려들 필요가 있고, 누구나 현재의 모습, 행한 것, 기억하는 것, 잊어버린 것, 숨기는 것, 감춰진 것, 생각하지 않는 것, 생각하지 않는다고 생각하는 것을 말해야 한다는 엄청난 명령을 우리의 문명에서 그토록 오래전부터 집요하게 되풀이하는 그 모든 목소리가 우리에게 자유에 관해 말한다고 생각하기 위해서는 전도顚倒된 권력의 표상을 떠올려볼 필요가 있다. 다른 여러 형태의 노동이 자본의 축적을 보장하는 동안, 서양이 인간의 예속화를 초래하기 위해 여러 세대로 하여금 순순히 따르도록 한 거대한 작업, 내가 말하고자 하는 바로는 인간을 "주체-신민臣民"13이라는 두 가지 의미를 갖는 것으로 설정하는 작업을 간파해야 한다. 13세기 초에 모든 기독교도에게 적어도 일 년에 한 번은 무릎을 꿇고 자신이 범한 모든 과오를 하나도 빠짐없이 고백해야 한다고 강요하는 명령이 얼마나 터무니없는 것으로 보였을 것인가 상상해 보라. 그리고 700년 후에 세르비아의 저항운동에 합류하려고 깊은 산 속으로 들어온 그 무명의 빨치산을 생각해 보라. 그의 상관들이 그에게 생애를 글로 쓰라고 요구하는데, 그가 밤에 휘갈겨 쓴 몇 장의 초라한 종잇조각을 가지고 오

13　* 프랑스어로는 'sujet'라는 하나의 낱말이다.

자, 그들은 이것을 보지도 않고 그저 이렇게 말한다. "다시 써. 진실을 말하란 말이야." 그토록 큰 중압감에 시달렸다고들 하는 그 유명한 언어 금치산자들이라고 해서 과연 천여 년 전부터 이어져온 고백의 멍에를 무시해도 좋다고 할 수 있었을까?

그런데 기독교의 고해성사부터 오늘날까지 성은 고백의 특별한 소재였다. 성은 누구나 감추는 것이라고들 말한다. 그런데 반대로 성이 아주 특별한 방식으로 고백되는 것이라면? 성을 감추어야 할 의무가 성을 고백해야 할(성에 관한 고백이 더 중요하고 더 엄격한 의례를 요구하며 더 결정적인 효과를 약속하기 때문에 그만큼 더 능란하게, 그만큼 더 세심하게 성을 숨겨야 할) 의무의 또 다른 양상이라면? 이제 우리 사회에서 성이 여러 세기에 걸쳐 고백의 확고한 체제 아래 놓여 있는 것이라면? 한편으로 우리가 앞에서 이미 말한 성의 담론화, 다른 한편으로 잡다한 성생활의 산포散布와 강화强化는 어쩌면 한 가지 동일한 장치의 두 가지 부품일 것인데, 이 양자는 아무리 극단적인 것일지라도 성적 특이성의 진실한 언술言述을 강요하는 고백이라는 중심적 요소 덕분으로 그 동일한 장치 안에서 서로 맞물린다. 그리스에서는 아주 유용한 지식이 몸에서 몸으로 전달된다는 점 때문에 진실과 성이 교육학의 형태 안에서 서로 연결되었고, 성이 인식의 전수에 대해 매체의 구실을 했다. 우리의 경우에는 진실과 성이 바로 고백 속에서 개인적 비밀의 철저한 의무적 표현에 의해 서로 연결된다. 그러나 이번에는 바로 진실이 성과 성의 표현에 대해 매체의 구실을 한다.

그런데 고백은 말하는 주체가 언표言表의 주어와 일치하는 담론의 관례이다. 또한 권력관계 안에서 전개되는 관례이기도 하다. 왜냐하면 대화자일 뿐만 아니라, 고백을 요구하고 강요하고 평가하고 개입하여 판단, 처벌, 용서, 위로, 화해를 실행하는 심급審級인 상대방이 적어도 잠재적으로 현전하지 않으면 고백이 이루어지지 않기 때문이다. 또한 고백은 진실이 표명되기 위해 제거되어야 했던 장애와 저항에 의해 정당성이 입증되는 관례, 끝으로 언술의 외부적 결과와는 무관하게 고백하는 사람의 내부적 변화가 언술 자체에 의해서만 일어나는 관례이다. 언술은 고백하는 사람의 무죄를 증명하고 고백하는 사람의 죄를 없애고 고백하는 사람을 정화하고 고백하는 사람의 과오를 덜어주고 고백하는 사람을 자유롭게 하고 고백하는 사람에게 구원을 약속한다. 여러 세기 동안 성의 진실은 적어도 핵심의 측면에서는 이러한 담론의 형태를 통해 파악되었다. 결코 교육의 형태를 통해서도 아니고(성교육은 일반적 원칙과 조심성의 규범으로 좁혀지게 된다), (동정을 잃게 하거나 처녀성을 빼앗는 행위에 의해 본질적으로 그저 우스꽝스럽거나 폭력적이게 될 뿐인 말없는 관행으로 남아 있는) 통과의례의 형태를 통해서도 아니다. 누구나 분명히 알 수 있다시피, 이러한 담론은 "성애의 기술"을 지배하는 형태로부터 가장 멀리 떨어져 있는 형태이다. 고백의 담론에 내재하는 권력구조 때문에 고백의 담론은 '아르스 에로티카'에서처럼 스승의 지고한 의지에 의해 위로부터가 아니라, 조심성이나 망각을 보증해주는 것이 어떤 강압적 속박에 의해 폭발하도록 만드는 필요하거나 불가피한 발언처럼 아래로부터 생겨난다. 고백의 담론이 전제로 하는 은밀성은 말해야 할 내용의 높은 값어치나 고백의 담론을 이용하는 소수의 사람이 아니라, 고백의 담론이 내보이는 막연한 친숙성이나 전반적인 천박성과 깊은 관계가 있다. 고백의 담론이 갖는 진실은 스승의 높은 절대적 권위에 의해서나 그가 전하는 전통에 의해서가 아니라, 말하는 사람과 그가 말하는 내용 사이의 관계, 이 양자가 모두 본질적으로 담론에 귀속한다는 사실에 의해 확보되는 반면에, 지배의 심급은 말하는 사람 쪽이 아니라(왜냐하면 속박당하는 것은 바로 말하는 사람이기 때문이다) 듣고 침묵하는 사람 쪽에, 알고 대답하는 사람 쪽이 아니라 알고 있다고 여겨지지 않는 질문자쪽에 있다. 요컨대 이 진실의 담론이 효력을 발생하는 것은 진실의 담론을 수신受信하는 사람이 아니라, 진실의 담론을 강요당하는 사람 쪽에서이다. 이러한 진실의 고백으로 말미암아 우리는 쾌락으로의 오묘한 입문, 이 입문의 기술과 비의성秘儀性으로부터 가장 멀리 떨어져 있다. 반대로 우리는 비밀의 전달을 통해서가 아니라 속내 이야기의 더딘 증대를 중심으로 성에 관해 복잡한 지식을 갖추게 된 사회 속에서 살아가고 있다.

‡

고백은 성에 관한 참된 담론의 생산을 지배하는 일반적 모태였고 오늘날에도 여전히 그렇다. 그렇지만 고백은 상당히 변모했다. 즉, 오랫동안 고해성사의 실천에 단단히 결부되어 있었으나 개신교, 반反종교개혁, 18세기의 교육학, 19세기의 의학이 출현하고부터는 점차 관례적이고 배타적인 장소를 벗어나 확산되었고 일련의 모든 관계에서, 가령 자녀와 부모, 학생과 교육자, 환자와 정신과 의사, 비행자와 전문가14 사이의 관계에서 활용되었다. 고백의 동인動因과 기대 효과는 고백이 띠는 형태, 예컨대 심문, 상담, 자전적 이야기, 편지와 마찬가지로 다양해졌으며, 기록되고 옮겨 적히고 자료로 수집되고 발간되고 논평의 대상이 된다. 특히 고백은 다른 영역들로 통하지는 않지만 적어도 다른 영역들에서 받아들일 수 있는 새로운 방식으로는 통해 있다. 이제 고백은 무엇이 행해졌는가(이를테면 성행위), 어떻게 행해졌는가를 말하는 것일 뿐만 아니라 성행위를 부추긴 생각, 성행위에 따라붙는 강박관념, 성행위에 활기를 불어넣는 이미지, 욕망, 쾌락의 조절과 특성을 재현하는 것이다. 사회가 개인의 쾌락에 관한 속내 이야기를 촉구하고 들으려 한 것인데, 이는 아마 역사상 처음이었을 것이다.

따라서 고백 절차의 확산, 고백 절차에 따른 속박의 다양한 국지화, 고백 절차가 자리 잡는 영역의 확장, 즉 성적 쾌락에 대한 엄청난 기록이 점차로 이루어졌다. 이러한 자료는 기록되기는 했지만 오랫동안 잊혀졌고 심지어는 (기독교적 고해에 전제되어 있는 의도대로) 흔적도 없이 사라졌다. 그러다가 의학, 정신의학, 또한 교육학에 의해 수집되기 시작했다. 가령, 캄페,[15] 잘츠만,[16] 그다음으로 특히 카안,[17] 크라프트-에빙, 타르디외,[18] 몰, 헤이블록 엘리스[19]는 잡다한 성생활에

---

14 * 여기에서 전문가는 비행자와 관계가 있는 사람이므로, 비행 청소년의 선도를 위한 조언자를 그 예로 들 수 있을 것이다.

15 * J. H. Campe(1748~1818). 독일의 교육학자.

16 * Ch. G. Salzmann(1744~1811). 독일의 교육학자.

17 * Heinrich Kaan. 러시아 태생의 의사, 온천요법의 권위자.

18 * Auguste Tardieu(1818~1879)는 프랑스의 법의학자로서 《공중위생 사전》을 집필했다.

19 * Havelock Ellis(1859~1939)는 영국의 의사, 성 의학의 창시자들 가운데 한 사

관한 그 서투른 서정시 전체를 세심하게 모았다. 이처럼 서양사회는 구성원들의 쾌락에 관해 한없는 기록을 유지하기 시작했다. 이를테면 쾌락의 표본도감을 작성했고, 쾌락의 분류법을 확립했으며, 일상의 흔해빠진 결함을 병적인 이상異常이나 증상의 악화로 묘사했다. 중요한 계기. 19세기의 정신의학자들을 비웃는 것은 쉬운데, 그들은 "풍속의 침해"나 "생식 감각의 착란"을 환기하면서, 혐오스러운 사람들에게 발언권을 줄 수밖에 없게 된 상황에 대해 과장되게 변명을 늘어놓곤 했다. 나는 오히려 그들의 진지한 태도에 기꺼이 경의를 표하고 싶다. 그들은 사건에 대한 직감을 지니고 있었다. 당시는 더 이상 죄와 구원, 죽음과 영원에 관한 담론이 아니라 육체와 생명에 관한 담론, 즉 과학의 담론과 맞물려야 하는 진실의 담론이 쾌락에 관해서도 실행되어야 하는 시기였다. 말에 혼란을 일으키게 하는 뭔가가 있었고, 따라서 그 있을 법하지 않은 것, 즉 과학-고백, 고백의 관례와 내용에 의존하는 과학, 다양하고 집요한 고백의 강요를 전제로 하고 고백할 수 없는-고백된 것을 대상으로 갖는 과학이 성립되었다. 19세기에 과학 담론이 그 아래로부터의 담론 전체를 떠맡아야 했을 때, 물론 추문이 퍼졌고, 어쨌든 그토록 분명하게 제도화된 과학 담론에 대한 반감이 일었다. 이론적이기도 한 방법의 역설. 주체의 과학을 구성할 가능성, 자기 성찰의 타당성, 체험된 것의 명증성明證性, 또는 의식의 자기

람이다. 나르시시즘(자기도취증)이란 용어를 고안해내고 자위의 유해성을 부정하며 1926년에는 국제 성의학회의를 창설했다. 그의 《성의 심리학적 연구》(전 6권, 1897~1910)는 성 의학의 백과사전이라고 말할 수 있다.

현전現前20에 관한 오랜 논의는 아마 우리 사회에서 진실의 담론이 작동하는 데 내재하는 이 문제, 즉 고백이라는 오래된 사법적-종교적 모델에 따른 진실의 생산과 과학 담론의 규칙에 따른 속내 이야기의 강요를 맞물리게 할 수 있는가 하는 문제에 대한 대응이었을 것이다. 19세기에는 가공할 차단 메커니즘이 있었고 담론이 완비되어 있지 않았기 때문에 성의 진실이 어느 시대보다 더 완전히 묵살되었다고 생각하는 사람들이 있다면 그렇게 말하도록 내버려두자. 진실의 두 가지 생산 양태, 즉 고백의 방식과 과학 담론의 구성방식 사이에는 결핍이 아니라 과잉, 중복, 충분히 많지 않다기보다는 오히려 너무 많은 담론, 아무튼 간섭이 실재했다.

그래서 19세기에 성에 관한 진실의 담론을 가득 채운 오류, 순진함, 도덕지상주의를 설명하는 대신에, 근대의 서양을 특징짓는 방법, 즉 성과 관련된 지식의 의지가 고백의 관례를 과학적 규칙성의 도식 속에서 작동하게 한 방법을 찾아내는 것이 더 유익할 듯하다. 성적 고백을 강요한 그 광범위한 전통이 어떻게 과학의 형태로 전환되기에 이르렀을까?

1. ' "말하게 하기"의 임상적 체계화에 의해'

고해를 자기 성찰과 배합하고 자기 자신의 이야기를 해독解讀 가능한 징후 및 증상 전체의 전개와 결합하기, 심문, 자세한 질문서, 기억의

---

20 * présence à soi. 여기에서는 의식이 의식 자체를 의식할 수 있음 또는 의식의 자기 의식을 의미하는 듯하다.

환기를 노리는 최면, 자유로운 관념연합. 즉, 고백의 과정을 과학적으로 수용 가능한 관찰의 영역으로 편입시키기 위한 그만큼 많은 수단.

2. '확산된 일반적 인과율因果律의 가설에 의해'

모든 것을 말해야 한다는 생각, 모든 것에 대해 의문을 제기할 수 있다는 생각은 성이 고갈되지 않은 다형의 원인으로서 강한 영향력을 지니고 있다는 원칙에 의해 정당화된다. 성적 행동방식에서 가장 눈에 띄지 않는 현상, 가령 사고나 일탈, 결핍이나 과잉은 생애에서 가장 다양한 결과를 초래할 수 있다고 가정되고, 19세기에 적어도 부분적으로는 성에 원인이 있다고 상상되지 않은 질병이나 신체장애는 거의 없다. 당시의 의학은 어린이의 나쁜 습관에서 성인의 폐병, 노인의 뇌졸중腦卒中, 신경질환, 종족種族의 퇴화까지 온전한 성적 인과관계의 망網을 조직했다. 그것은 우리에게 굉장해 보일지 모른다. 성이 "하여간 모든 것의 원인"이라는 원칙은 요구된 기술의 이론적 이면裏面이다. 다시 말해서 완전하고 동시에 꼼꼼하며 항구적이어야 할 고백의 절차가 과학적 유형의 실천 속으로 이끌려 들어가게 된다. 성에 한없는 위험이 내포되어 있는 만큼 당연히 성은 철저한 조사를 받지 않을 수 없다.

3. '성생활에 내재하는 잠복성潛伏性의 원칙에 의해'

고백의 기술에 의해 성의 진실을 끄집어낼 필요가 있는 것은 성의 진실이 말하기 어렵거나 품위의 금기에 사로잡혀 있기 때문일 뿐만 아니라, 성의 작동방식이 불분명하기 때문이고, 성이 본래 포착하기 어렵고 성의 에너지와 메커니즘이 감추어지기 때문이며, 원인으로 여겨지는 성의 영향력이 일정 부분 은밀하기 때문이다. 19세기는 고백에 대한 관점을 바꾸어 성을 과학 담론의 기획에 통합했고, 이에 따라 고백은 더 이상 주체가 정말로 숨기고 싶어 하는 듯한 것이 아니라, 묻는 사람과 질문을 받는 사람이 각자 자신의 입장에서 참여하는 고백의 작업에 의해 점차적으로만 해명될 수 있을 뿐이어서 주체 자신에게 감추어지는 것을 대상으로 하는 경향이 있다. 성생활에 특유한 잠복성의 원리는 힘겨운 고백의 속박을 과학의 실행방법과 맞물리게 해준다. 그것은 모습을 숨기므로, 강제로 끌어낼 필요가 있다.

4. '해석의 방법에 의해'

고백한다는 것은 고백을 듣는 사람에게 용서하고 위로하며 이끌어줄 권한이 있을 것이기 때문이다. 진실을 생산하는 작업이 과학적으로 타당하려면 이러한 접촉을 거쳐야 하는 것이다. 진실은 고백함으로써 진실을 완성된 상태로 분명히 드러낼 주체에게만 있는 것이 아니다. 진실은 두 부분으로 구성된다. 진실은 말하는 사람에게 현전現前하나 불완전하고 그 자체로는 맹목적이어서, 진실을 전달받는 사람에게서만 완결될 수 있다. 이 모호한 진실의 진실을 말하는 것은 후자의 몫이다. 고백하는 사람이 말하는 내용에 대한 해독解讀이 고백의 내용에 덧붙여져야 한다. 듣는 사람은 용서하는 스승, 단죄하거나 석방하는 재판관이 될 뿐만 아니라 진실의 주인이 된다. 듣는 사람의 기능은 해석하는 것이다. 고백과 관련하여 듣는 사람의 권력은 고백이 행해지기 전에 고백을 요구하거나 고백이 이루어진 후에 결정하는 것일 뿐만 아니라, 고백을 가로질러 고백을 판독함으로써 진실한 담론을 구성하는 것이다. 19세기는 고백을 증거가 아니라 징후로, 성생활을 해석해야 할 것으로 만듦으로써, 고백의 절차를 과학 담론의 정상적 형성에 작용하도록 만들 가능성을 갖게 되었다.

5. '고백 효과의 의학화醫學化에 의해'

고백의 획득과 고백의 효과는 치료 활동의 형태로 코드화된다. 이것은 우선 성의 영역이 단순히 과오와 죄, 과잉 또는 위반의 차원에 놓이게 될 뿐만 아니라 정상적인 것과 병적인 것의 (다른 점에서 보면 전위일 뿐인) 체제 아래 놓이게 된다는 것, 역사상 처음으로 성적인 것에 고유한 병의 성격이 부여된다는 것, 성이 높은 병리학적 취약성의 장場으로, 즉 다른 질병들에 대한 반향反響의 표면으로, 더 나아가 특유한 질병학, 즉 본능, 성향, 이미지, 쾌락, 행실의 질병학에서 중심적인 것으로 보인다는 것, 또한 의학의 개입으로 고백의 의미와 필요성이 드러나게 된다는 것, 즉 고백이 진단에 필요하고 그 자체로 치료에 효과적인 것으로 의사들에 의해 요구된다는 것을 의미한다. 진실은 적절한 때에 필요한 사람에게 진실의 보유자이면서 동시에 책임자인 사람에 의해 발언될 경우에 치유력을 갖는다.

폭넓은 역사적 지표를 검토해 보자. 우리 사회는 '아르스 에로티카'의 전통과 결별함으로써, '스키엔티아 섹수알리스'를 갖추었다. 더 정확하게 말해서 우리 사회는 성에 관한 참된 담론을 생산해야 할 책무를 추구했고, 난관이 없지는 않았지만 오랜 고백의 절차를 과학 담론의 규칙에 맞춤으로써 성에 관한 참된 담론의 생산을 계속했다. 19세기부터 발전한 '스키엔티아 섹수알리스'는 역설적으로 의무적이고 철저한 고해告解라는 특이한 의례를 핵심으로 간직하는데, 고해의 의례는 기독교적 서양에서 성의 진실을 생산하기 위한 최초의 기술이었다. 이 의례는 16세기부터 점차로 고해성사로부터 떨어져 나왔고, 영혼의 인도引導와 영성 지도, 이를테면 '기술 중의 기술'21을 통해 교육학 쪽으로, 성인과 어린이 사이의 관계 쪽으로, 가족관계 쪽으로, 의학과 정신의학 쪽으로 옮겨갔다. 어쨌든 거의 한 세기 반 전부터 성에 관한 참된 담론을 생산하기 위해 복잡한 장치가 자리를 잡는데, 이 장치는 오랜 고백의 명령을 임상적 청취의 방법에 접속시키는 만큼 역사에 폭넓게 걸쳐 있는 것이다. 그리고 "성생활" 같은 것이 성과 성적 쾌락의 진실로서 출현할 수 있었던 것은 바로 이 장치를 통해서이다.

"성생활"은 '스키엔티아 섹수알리스'라는 느리게 전개된 담론 실행의 방법과 상관관계가 있다. 이러한 성생활의 기본적 특징은 이데올로기 때문에 다소간 흐려진 어떤 표상이나 금기에 의거하여 추론된 어떤 몰이해를 나타내지 않고, 성생활의 진실을 생산하게 되어 있는 담론의 기능적 요구에 상응한다. 고백의 기술과 과학의 논증적 성격이 교차하는 지점에서, 이 양자 사이의 어떤 광범위한 조절 메커니즘(청취 기술, 인과관계의 전제, 잠복성의 원칙, 해석의 규칙, 의학화의 절대적 요청)을 찾아낼 필요가 있었던 곳에서, 성생활은 "본래" 존재하는 것

---

21 * ars artium. '수완(기법, 재주) 중의 수완(기법, 재주)' 등으로 옮길 수도 있는 라틴어 성구(成句).

으로, 즉 병리학의 과정이 스며들 수 있고 따라서 치료법이나 규범화의 개입을 불러들이는 영역으로, 해독해야 할 의미의 장場으로, 특수한 메커니즘에 의해 감춰진 과정의 현장으로, 한없는 인과관계의 중심으로, 엄폐물로부터 끄집어내고 동시에 경청해야 하는 모호한 발언으로 규정되었다. 담론이 말하는 것의 기본적 특징을 결정하는 것은 담론의 "경제", 내가 말하고자 하는 바로는 담론의 고유한 기술, 담론의 작동에 필요한 요소, 담론이 이용하는 책략, 담론의 기반이 되고 담론이 전달하는 권력효과이지 결코 어떤 표상체계가 아니다. 성의 역사, 다시 말해서 19세기에 특수한 진실의 영역으로 구실한 것의 역사는 우선 담론의 역사라는 관점에서 기록되어야 한다.

작업의 전반적 가설을 제시하자. 18세기에 전개되는 사회는 나중에 일반적으로 부르주아 사회로 불리게 되건, 자본주의 또는 산업사회로 불리게 되건, 기본적으로 성에 대해 불인정의 태도로 대처하지는 않았고, 반대로 성에 관한 참된 담론을 생산하기 위해 하나의 온전한 기구를 이용했다. 18세기의 사회는 마치 성이 중대한 비밀을 내포한다고 의심하는 듯이, 마치 이러한 진실의 생산을 필요로 하는 듯이, 마치 성을 쾌락의 경제뿐만 아니라 정연한 지식 체제에 편입시키는 것이 꼭 필요한 일인 듯이, 성에 관해 많은 말을 했고 각자에게 성에 관해 말하라고 강요했으며 규제된 성의 진실을 명백하게 표명하려고 시도했다. 그래서 성은 차츰차츰 커다란 의혹의 대상, 우리의 의지에 반해서 우리의 행실과 생활에 스며드는 일반적이고 염려스러운 감각, 악의 위협이 우리에게 찾아드는 취약한 지점, 우리 각자가 자기 속에 지니고 있는 어둠의 부분이 되었다. 성은 일반적 의미, 보편적 비밀, 편재遍在하는 원인, 끊이지 않는 공포가 되었다. 그래서 (두 가지 관점에서 접근할 수 있는, 즉 심문과 문제시 또는 고백의 요구와 합리적 영역으로의 통합이라는) 이 성의 "문제"에서는 두 가지 과정이 전개되는데, 그것들은 언제나 서로 긴밀하게 관련된다. 즉, 우리는 성에 대해 진실을 말하라고 요구하고(그러나 성이 비밀이고 그 자체로는 포착할 수 없는 만큼, 우리는 성의 진실에 관해 마침내 밝혀지고 마침내 해독된 진실을 좀처럼 말하려 들지 않는다), 우리에게 우리의 진실을 말하라고 성에 대해 요구한다. 더 정확히 말해서 우리가 직접적 의식 속에 간직하고 있다고 믿는 우리 자신의 그 진실과 관련하여 우리는 성이 그것의 깊이 파묻힌 진실을 말하리라고 기대한다. 우리는 성이 우리에게 자신의 진실에 관해 말하는 것을 해독함으로써 성에 대해 성의 진실을 말하고, 성은 우리의 진실 중에서 감추어진 부분을 드러나게 함으로써 우리에게 우리의 진실을 말한다. 주체에 관한 지식, 주체의 존재형태에 관한 것이라기보다는 오히려 주체를 분할하는 것, 어쩌면 주체를 결정할 터이지만 무엇보다도 주체를 주체 자신으로부터 벗어나게 하는 것에 관한 지식을 여러 세기 전부터 서서히 구성한 것은 바로 이러한 상호작용이다. 이것은 뜻밖의 일로 보일지 모르지만, 기독교적 고해와 사법적 자백의 오랜 역사, 그리고 서양에 그토록 본질적인 고백이라는 지식-권력 형태의 이동과 변모를 생각한다면 좀처럼 놀랄 만한 것이 아닐 것이다. 주체의 과학을 확립하려는 기획이 점점 더 촘촘한 주기를 따라 성의 문제를 중심으로 선회하기 시작했다. 주체 안에서의 인과관계, 주체의 무의식, 지식을 손아귀에 쥐고 있는 다른 사람에 의해 결정되는 주체의 진실, 주체 자신이 무엇을 알지 못하는가에 관해 다른 사람이 소유하는 지식, 이 모든 것이 성에 관한 담론 안에서 전개되기에 이르렀다. 그렇지만 결코 성 자체의 어떤 고유한 자연적 속성 때문이 아니라, 이 담론에 내재하는 권력의 책략에 따라 그렇게 된 것이다.

‡

아마 '스키엔티아 섹수알리스'는 '아르스 에로티카'와 대립적일 것이다. 그러나 '아르스 에로티카'는 그래도 서양문명에서 사라지지 않았다는 점, 또한 '아르스 에로티카'는 성적인 것의 과학을 싹트게 하려는 동향動向에서 언제나 부재한 것은 아니라는 점에 주목할 필요가 있다. 기독교적 고해, 특히 영성 지도와 자기 성찰, 영적 합일과 신에 대한 사랑의 추구에는 성애의 기술과 유사성을 갖는 일련의 방식, 가령 입문 과정에서 스승에 의해 이루어지는 지도, 육체의 측면까지도 감안되는 경험의 강조, 경험에 수반되는 담론의 효력에 대한 높은 평가가 있었고, 반反종교개혁의 가톨릭교회에서 그토록 빈번히 나타난 악마 들림과 법열法悅 현상은 아마 그 미묘한 육신의 과학에 내재하는 성애性愛의 기술마저 넘어선 통제되지 않는 효과였을 것이다. 그래서 19세기부터 '스키엔티아 섹수알리스'는 점잖은 실증주의의 겉치레 아래 적어도 몇몇 국면에서는 '아르스 에로티카'처럼 작용하고 있지 않는가 하고 자문할 필요가 있다. 아마 이 진실의 생산은 아무리 과학의 모델에 의해 위압당한다 할지라도 진실의 생산 자체에 내재하는 즐거움을 확대하고 강화했을 것이며 심지어는 새로 만들어내기도 했을 것이다. 흔히 우리는 새로운 즐거움을 상상할 수 없었다고 말한다. 적어도 우리는 다른 즐거움, 즉 쾌락의 진실에서 얻을 수 있는 즐거움, 쾌락의 진실을 알고 설명하고 드러내고 알아차리고는 황홀해 하고 말하고 쾌락의 진실에 의해 다른 진실을 포착하고 제어하고 쾌락의 진실을 몰래 털어놓고 술책을 써서 쾌락의 진실을 엄폐물 밖으로 끌어내는 즐거움, 쾌락에 관한 참된 담론에 특유한 즐거움을 발견했다. 성생활에 관한 우리의 지식과 깊이 연관된 성애의 기술에서 가장 중요한 요소는 바로 의학에 의해 약속된 건강한 성생활의 이상理想, 완전하고 꽃핀 성생활에 관한 인본주의적 몽상, 특히 오르가슴의 서정성과 생체에너지의 좋은 느낌에서가 아니라(거기에서 문제되는 것은 성생활을 규범화하는 활용일 뿐이다), 성에 관한 진실의 생산과 깊은 관계가 있는 즐거움의 확대와 강화에서 모색해야 할지 모른다. 기록되고 읽히는 난해한 책, 진료와 조사, 질문에 대답해야 한다는 데에 따른 불안과 자신이 해석의 대상이라고 느끼는 데에서 비롯되는 열락悅樂, 자기와 타인에게 하는 그토록 많은 이야기, 그토록 많은 호기심, 약간 흔들리기도 하는 진실의 의무에 의해 추문이 상쇄되는 그토록 많은 속내 이야기, 누구나 그토록 비싼 대가를 치르고 들을 줄 아는 사람에게 속삭일 권리를 얻는 은밀한 환상의 범람, 요컨대 여러 세기 전부터 서양이 교묘히 조장한 엄청난 (가장 넓은 의미에서의) "분석으로부터 기인하는 즐거움", 이 모든 것은 고백과 성의 과학이 은밀히 전달하는 성애의 기술의 분산된 파편 같은 것을 형성한다. 우리의 '스키엔티아 섹수알리스'는 '아르스 에로티카'의 특별히 미묘한 형태일 뿐이고 겉보기에는 사라진 듯한 이 전통의 아주 세련된 서양적 해석이라고 생각해야 할까? 아니면 이 모든 즐거움은 성에 관한 과학의 부산물, 성 또는 이 과학의 수많은 노력을 떠받치는 이익일 뿐이라고 전제해야 할까?

어쨌든 사회가 경제적 이유로 성에 대해 억압의 권력을 행사한다고 하는 가설은 처음 훑어볼 때 분명히 드러나는 확대와 강화의 계열 전체, 즉 권력의 요구에 세심하게 맞춰진 담론의 급증, 잡다한 성생활의 공고화, 잡다한 성생활을 따로따로 분리할 뿐만 아니라 불러들이고 유발하고 관심, 담론, 즐거움의 발원지로 구성할 수 있는 장치의 설정, 요구된 고백의 생산과 이로부터 합당한 지식의 체계 및 다양한 쾌락의 경제를 정립하는 활동에 비추어보면 매우 옹색한 것으로 보인다. 중요한 것은 축출이나 배척의 부정적 메커니즘이라기보다는 오히려 담론, 지식, 쾌락, 권력이 미묘하게 얽힌 조직망의 점화點火이고, 야생의 성을 어떤 어둡고 접근할 수 없는 영역으로 집요하게 내모는 것으로 보이는 움직임이 아니라 반대로 야생의 성을 사물과 육체의 표면에 퍼뜨리고 자극하고 명백하게 나타나게 하고 말하게 하고 현실에 정착시키고 야생의 성에 대해 진실을 말하라고 다그치는 과정이다. 즉, 담론의 다양성, 권력의 집요함, 그리고 쾌락과 지식의 상호작용에 의해 가시적이게 되는 성적인 것의 온전한 반짝임이다.

이 모든 것은 착각일까? 더 주의 깊은 시선이라면 분명히 발견할 널리 알려진 광범위한 억압의 메커니즘을 배후에 감추고 있는 성급한 인상일까? 그 몇몇 인광燐光 저편에서 언제나 아니라고 말하는 음침한 법을 다시 찾아내서는 안 되는 것일까? 역사의 탐색이 대답할 것이다. 아니 대답해야 할 것이다. 무려 세 세기 전부터 성에 관한 지식이 형성된 방식, 성을 대상으로 하는 담론이 증가한 방식, 그리고 성에 관한 담론이 생산하리라고 생각되는 진실에 우리가 거의 믿기 어려운 중요성을 부여하게 된 이유에 관한 탐구에서 해답을 찾아야 할 것이다. 그러한 역사분석은 아마 이 최초의 행로가 넌지시 드러내는 듯한 것을 결국 무산시키게 될지도 모른다. 그러나 내가 가능한 한 오래 유지하고 싶은 애초의 전제는 권력과 지식, 진실과 쾌락의 장치, 억압과는 너무나 다른 이 장치가 반드시 이차적이고 부차적이지는 않다는 점, 그리고 억압이 어쨌든 기본적이지도 승리하지도 않는다는 점이다. 그러므로 애초의 전제는 이 장치를 진지하게 받아들이고 분석의 방향을 바꾸는 것이다. 일반적으로 인정되는 억압이나 우리가 알고 있다고 추정하는 것에 비례하는 무지보다는 오히려 지식을 생산하고 담론을 증가시키고 즐거움을 유발하고 권력을 낳는 실증적 메커니즘으로부터 출발하여, 이 메커니즘이 출현하고 작동하기 위한 조건을 주의 깊게 추적하고 이 메커니즘과 깊은 관계가 있는 금지나 은폐의 진상이 이 메커니즘과 관련하여 어떻게 배치되는가를 탐색할 필요가 있다. 요컨 대 우리의 작업은 이러한 지식의 의지에 내재하는 권력의 전략을 명확하게 규정하는 것이다. 다시 말해 성생활이라는 구체적인 사례를 대상으로 지식 의지의 "정치경제학"을 구성하는 것이다.

제 4 장

성생활의 장치

Histoire de la sexualité

La volonté de savoir

이 일련의 연구에서 관건은 무엇일까? 그것은 《입이 가벼운 보석》[1]의 주제를 역사로 옮겨 적는 일이다.

　말하는 성性의 상징은 우리 사회를 나타내는 많은 상징 중에서도 주도적인 것이다. 현장에서 적발되고 심문을 당하고 속박되고 동시에 수다스러운 상태에서 지칠 줄 모르고 대답하는 성. 스스로 비非가시적이게 될 정도로 충분히 몽환적인 어떤 메커니즘에 어느 날 성이 사로잡힌 것이다. 이 메커니즘은 성으로 하여금 쾌락과 무의지적인 것, 동의와 심문이 서로 섞이는 상호작용 속에서 자기와 타인의 진실을 말하게 만든다. 우리는 모두 매우 오랜 세월 전부터 망고귈 왕자의 왕국에 살고 있다. 말하자면 우리는 성에 대한 엄청난 호기심에 시달리고, 성을 검토하는 데 집요하고, 성의 말을 듣고 성에 관해 말하는 것을 듣는 데 지칠 줄 모르고, 성의 무거운 입을 강제로 열게 할 수 있을 온갖 마법의 반지를 재빨리 만들어낸다. 마치 우리가 우리 자신의 이 작은 부분으로부터 쾌락뿐만 아니라, 지식, 그리고 이 양자의 미묘한 상호작용 전체, 즉 쾌락에 관한 지식, 쾌락을 아는 즐거움, 지식-즐거움을 끌어낼 수 있는 듯하다. 또한 우리 안에 자리하고 있는 이 변덕스런 동물이 나름대로 매우 호기심 많은 귀, 대단히 주의 깊은 눈, 충분히 잘 만들어진 혀와 정신을 지니고 있어서, 자기 자신에 관해 대단히 많은 것을 알고 있고, 다소간 교묘하게 부추김을 받자마자 완전히 자기 자

1　* 여러 여자의 성적 모험을 기록한 디드로의 소설(1748). 정령 퀴퀴파가 망고귈에게 준 마법의 반지에는 여성의 성기로 하여금 체험담을 털어놓게 하는 마력이 있다. 따라서 이 제목의 '보석'은 그 마법의 반지에 달린 보석과 동시에 여성의 성기를 뜻한다.

신에 관한 이야기를 할 수 있는 듯하다. 우리 각자와 우리의 성性 사이에서 서양은 진실에 대한 끊임없는 요구를 내걸었다. 성의 진실은 성을 벗어나는 것이므로 성으로부터 성의 진실을 뽑아내는 것은 우리의 몫이고, 어둠 속에서 우리의 진실을 보유하는 것은 바로 성이므로 우리에게 우리의 진실을 말하는 것은 성의 몫이다. 성, 감추어지는 것일까? 새로운 절제의 태도 때문에 숨겨지고 부르주아 사회의 맥 빠진 요구로 인해 계속해서 진상이 은폐되는 것일까? 아니다. 반대로 환한 불과 같은 것이다. 성이 엄청난 '지식의 요청'에서 중심을 차지한 지 벌써 수백 년이다. 성은 우리의 사정을 알고 있으리라고 간주되는 한편으로 우리는 성의 사정을 알도록 강요당한다는 점에서 이 지식의 요청은 이중의 요청이다.

우리의 현재 모습에 관한 물음을 성, 그것도 성-자연(생체의 구성요소, 생물학의 대상) 보다는 오히려 성-역사 또는 성-의미나 성-담론과 관련하여 제기하도록 유도하는 어떤 경향이 수세기에 걸쳐 지속되었다. 우리는 스스로 성의 별 아래 자리를 잡았지만, 그것은 하나의 '물리학'이라기보다는 오히려 어떤 '성의 논리'였다. 이 점과 관련하여 잘못 생각해서는 안 된다. 성을 아무런 동기 없이 작동하는 단순한 메커니즘으로 되돌려 보내는 듯한 긴 계열의 이항적 대립(육체와 영혼, 육신과 정신, 본능과 이성, 충동과 의식) 아래 서양은 성을 합리성의 장에 병합하기에 이르렀을 뿐만이 아니다. 어떻게 보면 별로 그러지도 못했는데, 여기에는 아마 주목할 만한 어떤 것도 있지 않을 것이고, 그만큼 우리는 고대 그리스 시대부터 그런 "정복"에 익숙해져 있다. 더 나아가 서양은 우리를 거의 전적으로, 즉 우리, 우리의 육체, 우리의 영혼, 우리의 개성, 우리의 역사를 감각적 쾌락과 욕망의 논리에 휩싸이게 했다. 우리가 누구인가를 아는 것이 중요시되자마자, 바로 이 논리가 우리에게 만능열쇠의 구실을 한다. 수십 년 전부터 유전학자들은 더 이상 생명을 조직으로, 게다가 기묘한 생식 역량이 갖추어져 있는 조직으로 이해하지 않는다. 생식의 메커니즘에서 그들은 생물학적인 것을 이 메커니즘의 차원으로 끌어들이는 것 자체, 즉 생체뿐만 아니라 생명의 모태를 본다. 그런데 육신에 관한 수많은 이론가와 실무가들은 이미 수세기 전부터 아마 그다지 "과학적"이지 않을 방식으로 인간을 전제적이고 관념적인 성의 산물로 만들었다. 성, 모든 것의 근거.

도대체 왜 성性은 그토록 은밀할까? 그토록 오랫동안 성을 침묵으로 내몰았고 어쩌면 우리로 하여금 성을 검토하도록, 그러나 늘 성의 억압이라는 견지에서 성의 억압을 통해 성을 검토하도록 허용함으로써 간신히 긴장의 끈을 놓게 된 그 세력은 무엇일까? 이 물음을 제기할 필요는 없다. 사실 이 물음은 우리 시대에 너무나 자주 되풀이되는 것으로서, 중대한 단언과 매우 오래된 처방, 즉 저기에 진실이 있으니 가서 진실을 현장에서 붙잡으라는 명제의 최신 형태일 뿐이다. '아케론타 모베보'[2]는 진부한 결심이다.

현명하며 높고 깊은 지식으로 충만한 그대들

2　* Acheronta movebo. "나는 명계(冥界)를 움직이게 하겠다"는 뜻으로서, 베르길리우스의 장편 서사시 《아이네이스》제7권에 나오는 말, 즉 "천상의 신들을 움직이게 하지 못한다면 명계를 움직이게 하겠다"와 관계가 있는데, 프로이트는 이 어구를 《꿈의 해석》의 안쪽 표지에 명구로 사용했다.

어떻게, 어디에서, 언제 모든 것이 결합하는지

이해하고 인식하는 그대들 …

그대들, 위대한 현자들이여, 내게 사정을 말해주오

나로부터 무엇이 일어나는지 내게 밝혀주오

그런 부류의 일이 어디에서, 어떻게, 언제,

왜 내게 일어났는지를 내게 일러주오3

그러므로 무엇보다도 먼저 이 명령은 무엇일까, 성의 진실, 성에서의 진실에 대한 이 광범위한 추구는 무엇 때문일까 하고 묻는 것이 합당하다.

디드로의 이야기에서 착한 정령精靈 퀴퀴파는 자신의 호주머니 안에 들어 있는 하찮은 물건들, 가령 신성한 작은 구슬, 납으로 만든 작은 탑, 곰팡이 슨 환약 사이에서 조그마한 은반지를 발견하는데, 여자와 우연히 마주칠 때 그 반지에 박힌 보석을 뒤집으면 여자의 성기가 말을 하게 된다. 퀴퀴파는 그것을 호기심 많은 술탄에게 선사한다. 이제 어떤 기적의 반지가 우리에게 이와 같은 힘을 부여하는가, 어떤 주인의 손가락에 그것이 끼어졌는가, 그것에 의해 어떤 권력작용이 허용되고 전제되는가, 어떻게 우리 각자가 자기 자신의 성과 타인의 성에 대해 일종의 세심하고 경솔한 술탄이 될 수 있었는가를 아는 것은 우리의 몫이다. 바로 이 마법의 반지, 타인으로 하여금 말하게 하는 것이 문제일 때에는 그토록 입이 가볍지만 자체의 메커니즘에 관해서는

---

3 G. -A. Bürger. Schopenhauer, *Métaphysique de l'amour* 에서 재인용.

그토록 말주변이 없는 이 보석을 수다스럽게 만드는 것이 마땅하고, 바로 이 보석에 관해 말할 필요가 있다. 진실을 지향하는 이 의지, 여러 세기 전부터 성을 번쩍거리게 하는 이 지식의 요청에 관한 역사, 즉 끈질김과 악착스러움의 역사를 기술할 필요가 있다. 우리는 성에 대해 성으로부터 얻을 수 있는 쾌락 이외에 또 무엇을 요구하려고 그토록 고집을 피우는 것일까? 성을 비밀, 전능한 원인, 감춰진 의미, 끊임없는 공포로 만들려는 그러한 인내나 탐욕은 무엇일까? 그리고 왜 그 난해한 진실을 찾아내려는 노력이 결국 금기의 해제와 질곡의 제거에 대한 권유로 뒤바뀌었을까? 이 매혹적인 약속이 필요했을 정도로 작업이 그렇게 힘들었을까? 아니면 그 지식이 각자를 예속시키기 위해 역설적이게도 각자에게 자신의 해방을 발견할 것임을 보장해야 할 정도로 정치, 경제, 윤리의 측면에서 중요성을 띠게 된 것일까?

앞으로의 연구를 설정하기 위해 쟁점, 방법, 훑어보아야 할 영역, 잠정적으로 인정할 수 있는 시대 구분과 관계가 있는 몇 가지 일반적 제안을 하도록 하자.

1

쟁 점

왜 이러한 연구를? 나는 지금까지의 소묘에 불확실성이 스며들었다는 것을 분명히 인정하는데, 그것은 내가 계획한 한층 더 세부적인 조사를 가로막을 위험이 아주 크다. 나는 서양사회에서 지난 수세기의 역사가 본질적으로 억압적 권력의 작용을 거의 보여주지 않는다고 여러 차례 말했다. 나는 다른 관점에서 아마 훨씬 더 급진적일 방식으로 행해진 비판, 즉 욕망의 이론이라는 차원에서 실행된 비판이 있다는 사실을 모르는 체하면서, 본질적으로 억압적 권력의 개념이 더 이상 문제되지 않는다는 주장에 의거하여 논의를 진행했다. 성이 "억압되어" 있지 않다는 것은 실제로 새로운 주장이 아니다. 정신분석가들이 그렇게 말한 것은 제법 오래전의 일이다. 그들은 억압이란 말이 쓰일 때 흔히 상상되는 사소한 기계설비를 인정하지 않았고, 억제해야 할 반항적 에너지의 관념은 그들에게 권력과 욕망이 서로 연결되는 방식을 해독하는 데 적합하지 않은 것으로 보였으며, 그들은 권력과 욕망이 밑으로부터 끊임없이 올라오는 자연스럽고 활기찬 야생의 에너지와 이 에너지의 분출을 차단하려는 위로부터의 명령 사이의 그러한 상호작용보다 더 복잡하고 더 근원적인 방식으로 깊은 상호관계를 맺는다고 추정하는데, 법이 욕망과 욕망의 존립 근거인 결여를 구성한다는 데에는 상당한 이유가 있는 만큼, 욕망이 억압된다고 생각해서는 안 될지 모른다. 욕망이 있는 곳에는 이미 권력관계가 있을지 모른다. 그러므로 사후에 실행될 억압에 비추어 권력관계를 규탄하는 것은 환상일 뿐만 아니라, 권력과 무관한 욕망을 찾아 나서는 것은 허사虛事일지 모른다.

그런데 나는 어떤 때는 '억압'에 관해, 또 어떤 때는 '법'에 관해, 금기나 검열에 관해 마치 그것들이 동등한 개념인 것처럼 끈질기게 혼란스러운 방식으로 말했다. 나는 고집 때문이건 부주의 때문이건, 억압이나 법과 금기와 검열의 이론적이거나 실제적인 함의含意를 구별하게 해줄 모든 것을 등한시했다. 그래서 나는 누구나 내게 다음과 같이, 즉 '당신은 유효한 권력의 기술을 끊임없이 참조함으로써 가장 값싸게 양다리를 걸치려 시도하고, 가장 약한 사람의 모습을 보임으로써 적들을 어리둥절하게 하고, 억압만을 논의함으로써 부당하게도 법의 문제를 내던져 놓았다고 믿게 만들고자 하고, 그러면서도 본질적이고 실제적인 결론, 다시 말해서 누구나 권력에서 벗어나지 못하고 권력이 언제나 거기에 이미 존재하며 누구나 권력에 대립시키려고 시도하는 것 자체를 권력이 구성한다는 결론을 권력-법의 근원으로부터 끌어내 간직한다'고, '당신은 권력-억압의 관념으로부터 가장 취약한 요소를 끌어내고는 이 요소를 비판했고, 권력-법을 당신 멋대로 해석하고는 권력-법의 관념으로부터 가장 무익한 정치적 결론을 이끌어냈다'고 반박할 권리가 있다는 것을 분명히 이해하고 있다.

　다음에 이어질 탐구의 관건은 권력의 "이론" 쪽으로보다는 오히려 권력의 "분석론" 쪽으로, 즉 내가 말하고자 하는 바로는 권력관계가 형성하는 특수한 영역의 규정과 그 영역을 분석하게 해주는 도구의 결정 쪽으로 나아가는 것이다. 그런데 나에게 권력의 분석론은 불필요한 것을 말끔히 치우고 어떤 권력의 표상表象, 왜 그런지는 곧장 밝혀지게 될 터인데, 내가 "법-담론"적이라고 부르고자 하는 표상에서 벗어나는 조건에서만 성립될 수 있는 듯하다. 그러한 이해방식은 욕망을 구성하는 법의 이론만큼 억압의 주제를 불러일으킨다. 달리 말하자면, 본능의 억압이라는 견지에서 이루어지는 분석과 욕망의 법칙이라는 견지에서 행해지는 분석을 서로 구별짓는 것은 확실히 충동의 성격과 역학을 이해하는 방식이지 권력을 이해하는 방식이 아니다. 이 두 가지 분석은 공통된 권력의 표상을 내세우는데, 이 표상은 사용되는 방식과 욕망에 대해 차지한다고 인정되는 위치에 따라 두 가지 대립적인 결론으로 이른다. 즉, 권력이 욕망에 대해 외부적 영향력만을 지닐 뿐이라면 "해방"이 약속되거나, 권력이 욕망 자체를 구성한다면 '당신들은 여전히 덫에 걸려 있다'고 단언되거나 한다. 군말이지만, 이 표상이 성과 권력의 관계를 문제로 제기하는 사람들에게 특유한 것이라고는 생각하지 말자. 이 표상은 사실상 훨씬 더 일반적이고, 정치학적 권력의 분석에서 빈번히 눈에 띄며, 아마 서양의 역사에 깊이 뿌리를 박고 있을 것이다.

이 표상의 주요한 특징 가운데 몇 가지는 다음과 같다.

— '부정적 관계'

권력과 성 사이의 관계는 부정적 방식으로만, 예컨대 거부, 배제, 거절, 차단, 또는 은폐나 가면에 의거해서만 확립될 뿐이다. 권력은 성과 쾌락에 대해 아니라고 말하는 것 이외에는 어떤 것도 "할 수" 없고, 권력이 초래하는 것이 있다면 그것은 부재나 빈틈이며, 권력은 여러 요소를 없애고 불연속성을 끌어들이고 결합되어 있는 것을 분리하고 경계를 표시한다. 권력의 효과는 일반적 한계와 결여의 형태를 띤다.

— '규범의 심급'

권력은 본질적으로 성에 대해 법을 강요하는 것일지 모른다. 이것은 우선 성性이 권력에 의해 이항二項체제, 즉 합법과 비합법, 허용과 금지 아래 놓인다는 것을 의미한다. 다음으로 이것은 권력이 성에 대해 이해 가능성의 형태로도 구실을 하는 "질서"를 처방한다는 것을 의미한다. 성은 법과의 관계에 입각해서 해독된다. 끝으로 이것은 권력이 규범을 공표함으로써 작용한다는 것을 의미한다. 즉, 권력은 언어에 의해, 더 정확히 말해서 진술된다는 사실 자체만으로 합법적 지위를 갖게 되는 담론 행위에 의해 성을 공략할지 모른다. 권력은 말하고, 권력의 말은 규범이다. 권력의 순수한 형태는 입법자의 기능에서 발견될지 모르고, 따라서 성에 대한 권력의 작용 방식은 법-담론적 유형의 것일지 모른다.

— '금기의 순환'

접근하지 말라, 만지지 말라, 낭비하지 말라, 쾌락을 맛보지 말라, 말하지 말라, 나타나지 말라, 극단적으로 말해서 어둠과 비밀 속에서가 아니라면 존재하지도 말라. 성에 대해 권력은 다만 금지의 법만을 작용하게 할 뿐인 것 같다. 권력의 목적은 성으로 하여금 자기를 버리라고 하는 데 있다. 권력의 도구는 성의 제거와 다른 것이 아닌 징벌의 위협이다. 스스로 희생하라, 그렇지 않으면 제거될 것이다. 사라지고 싶지 않다면 나타나지 말라. 너의 존재는 오직 너의 폐기廢棄를 대가로 치르고서만 유지될 것이다. 권력은 두 가지 부재 사이의 양자택일을 강요하는 배척에 의해서만 성을 속박한다.

— '검열의 논리'

이 금지는 3가지 형태를 띠는 것으로 추정되는데, 그것들은 허용되어 있지 않다고 단언하기, 이야기되지 않도록 가로막기, 존재한다는 것을 부정하기로서, 겉보기에는 양립하기 어려운 형태들이다. 그러나 검열 메커니즘의 특징일 일종의 연쇄적 논리가 상상되는 것은 바로 거기에서이다. 검열의 논리는 존재하지 않는 것, 비합법적인 것, 말로 표현할 수 없는 것을 서로 연결시켜, 어느 하나가 다른 것의 원인과 결과이게 만든다. 금지되는 것에 관해서는 누구라도 그것이 현실에서 폐기될 때까지 말해서는 안 되고, 존재하지 않는 것은 그것의 부재를 표명하는 말의 영역에서조차 표명될 권리가 전혀 없으며, 침묵하게 해야 하는 것은 특별히 금지된 것으로서 현실세계 밖으로 축출 당한다. 성에 대한 권력의 논리는 부재, 비-표명非表明, 침묵의 명령으로 표현될 수 있을 법의 역설적 논리일지 모른다.

—'장치의 단일성'

성性에 대해서는 권력이 모든 층위에서 동일한 방식으로 행사될지 모른다. 위에서 아래로, 권력이 전반적으로 결정하고 모세관적 말단에까지 개입하는 가운데, 권력이 기대는 기구나 제도가 무엇이건, 권력은 균질한 덩어리처럼 획일적으로 작용할지 모르고 법, 금기, 검열의 무한히 반복되는 단순한 톱니바퀴에 따라 작동할지 모른다. 따라서 국가에서 가족까지, 군주에서 아버지까지, 재판소에서 일상의 사소한 벌금까지, 사회적 지배의 심급에서 주체 자신을 구성하는 구조까지, 규모만 서로 다를 뿐인 권력의 일반적 형태가 발견될지도 모른다. 이 형태는 합법적인 것과 비합법적인 것, 위반과 징벌의 상호작용을 내포하는 법이다. 법을 제정하는 군주, 금지를 명하는 아버지, 침묵하게 하는 검열관, 또는 규범을 가르치는 선생 중에서 어느 모습이 이 형태로 간주되건, 권력은 어쨌든 법적 형태로 도식화되고, 권력의 효과는 복종으로 규정된다. 법의 이름으로 지배하는 권력 앞에서 신민으로 구성되는, 이를테면 "예속되는" 주체는 복종하는 사람이다. 군주 앞의 신민이건 국가 앞의 시민이건, 부모 앞의 자식이건 선생 앞의 학생이건, 권력에 속박당하는 사람에게서 찾아볼 수 있는 일반적인 복종의 형태는 이 여러 심급을 따라 나타나는 권력의 형식적 동질성에 상응할지 모른다. 한편에는 입법하는 권력이 있고 다른 한편에는 복종하는 주체가 있다.

권력이 성을 억압한다는 일반적 주제 아래에서나 욕망을 구성하는 법의 관념 아래에서나 동일한 권력의 기계론이 추정되는데, 이 기계론은 이상하게 제한적으로 규정된다. 우선 그것은 수단이 거의 없고 좀처럼 조치를 취하지 않고 사용하는 전술이 단조롭고 창의력이 없고 언제나 되풀이될 수밖에 없는 것 같은 권력일지 모르기 때문이다. 다음으로 그것은 거의 "부정"의 힘밖에 없을 권력이기 때문인데, 이 경우에 권력은 어떤 것도 생산할 수 없고 제한을 가하는 데에만 적합할 뿐이어서 본질적으로 반反에너지일지 모르며, 바로 이것이 권력의 실효성에 달라붙는 역설일지 모른다. 즉, 권력이 할 수 있는 유일한 일은 권력에 복종하는 것으로 하여금 이번에는 권력에 의해 허용되는 것만을 할 수 있게 하는 것일 뿐이다. 끝으로 그것은 법의 언표와 금기의 작용에만 집중되어 있는 만큼 본보기가 본질적으로 법적일 권력이기 때문이다. 지배, 복종, 예속화의 모든 방식은 결국 준법遵法 효과로 귀착할지 모른다.

왜 권력에 대한 이와 같은 법적 이해방식이 그토록 쉽게 받아들여질까? 그리고 이에 따라 권력에 생산적 실효성, 전략적 풍요로움, 실증성을 가져다줄 수 있을 모든 것이 그토록 쉽게 도외시되는 이유는 무엇일까? 우리 사회처럼 각종 권력기구가 너무나 많고 권력의 관례가 너무나 가시적이며 요컨대 권력의 도구가 너무나 확실한 사회에서, 미묘하고 정밀한 권력 메커니즘의 측면에서 아마 다른 어떤 사회보다도 더 창의적이었을 그런 사회에서 권력이 금기의 부정적이고 황량한 형태로만 인식되는 경향을 찾아볼 수 있는 것은 무엇 때문일까? 왜 지배의 장치가 금지법의 절차로만 급선회할까?

자명한 듯이 보이는 일반적이고 전술적인 이유가 있다. 즉, 권력은 바로 권력 자체의 중요한 부분을 감추는 조건 아래에서 용인될 수 있는 것이기 때문이다. 권력의 성공은 권력 메커니즘들 중에서 은폐되기에 이르는 것과 비례한다. 권력이 전적으로 파렴치하다면 받아들여질 수 있을까? 권력의 영역에서 비밀은 아무리 많더라도 지나치지 않을 뿐더러, 권력의 작동에 불가결하기조차 한데, 이는 권력에 복종하는 사람들에게 권력이 비밀을 강요하기 때문일 뿐만 아니라, 어쩌면 그들에게도 비밀이 불가결하기 때문일 것이다. 자신들의 욕망에 가해지는 제한이 사소한 것이라고 생각하지 않는다면, 그리하여 온전한 자유의 부분이 아무리 작더라도 부각되지 않는다면, 과연 그들이 권력을 받아들이겠는가? 자유에 그어지는 소박한 한계로서의 권력은 적어도 우리 사회에서는 받아들여질 수 있는 권력의 일반적 형태이다.

여기에는 아마도 역사적 근거가 있을 것이다. 중세에 발전된 중요한 권력 제도들, 가령 군주제나 각종 기구를 갖춘 국가는 다수의 선결 권력, 즉 서로 긴밀하게 얽혀 있고 상호 갈등상태에 있는 권력들, 땅에 대한 직접적이거나 간접적인 지배, 무기의 소유, 농노제農奴制, 주권과 예속 사이의 관계와 밀접하게 연관된 권력들을 배경으로, 어느 정도까지는 그러한 권력들을 거슬러 비약적으로 솟아올랐다. 이 권력 제도들이 정착한 것, 이 권력 제도들이 일련의 전술적 연합에 힘입어 받아들여질 수 있었던 것은 이 권력 제도들이 조절, 중재, 경계설정의 심급으로, 그러한 권력들 사이로 질서를 끌어들이고 경계와 확립된 위계에 따라 그러한 권력들을 완화하고 배분하기 위한 원칙을 결정하는 방식으로 제시되었기 때문이다. 이 중요한 권력 형태들은 단일한 전체를 이루고 자체의 의지를 법과 동일시하며 금지와 제재 메커니즘을 통해 행사된다는 3중의 특성에 힘입어, 서로 대결하는 다양한 세력에 대해 그 모든 상이한 권리를 넘어 법의 원리로서 작용했다. 이 원리의 관례적 문구, 즉 '팍스 에트 유스티티아'[1]는 이 문구 자체에 내포되어 있는 기능에 따라, 평화를 봉건영주나 개인에 대한 전쟁의 금지로, 정의를 사적 분쟁 타결의 중지 방식으로 규정한다. 주요한 왕정 제도의 발전은 아마 무조건적 법체계와 분명히 달랐을지 모른다. 그러나 이런 것이 권력의 언어였고, 이런 것이 권력 자체에 의해 제시되고 중세에 세워졌거나 로마법에 입각하여 재구축된 공법公法 이론 전체에 스며든 권력의 표상이다. 법은 군주에 의해 교묘하게 사용된 무기였을 뿐만 아니라, 군주제의 발현 양태였고 받아들여질 수 있는 군주제의 형태였다. 서양사회에서 권력의 행사는 중세부터 언제나 법으로 표현되고 있다.

17세기 또는 19세기로 거슬러 올라가는 전통 때문에 우리는 절대왕정의 권력을 불법不法 쪽에, 즉 전횡專橫, 남용濫用, 변덕, 선의善意, 특권과 예외, 관례적으로 계승되는 사실상의 신분 쪽에 위치시키는 데 익숙해졌다. 그러나 이는 서양의 군주제가 기본적으로 법체계로 구축되었고 법의 이론을 통해 성찰되었으며 자체의 권력 메커니즘을 법의 형태로 작용하게 했다는 그러한 역사적 특징을 무시하는 것이다. 불랭빌리에[2]가 프랑스의 왕정에 대해 행한 오래된 비난, 말하자면 프

1 　* pax et justitia. '평화와 정의'라는 의미의 라틴어.
2 　* Henri Boulainvilliers(1658~1722). 18세기의 반동 이데올로기를 대표하는 인물

랑스의 군주제는 권리를 폐지하고 귀족 계급의 지위를 낮추기 위해 법과 법률가를 이용했다는 비난은 아마 대체로 근거가 있을 것이다. 왕정과 군주제의 발전을 통해 정립된 법-정치적인 것의 차원은 확실히 권력이 행사된 방식이나 권력이 행사되고 있는 방식에 적합하지 않지만, 권력이 모습을 보이고 누구나 권력을 생각하도록 명하는 코드이다. 왕정의 역사와 법-정치적 담론에 의한 권력 현상 및 절차의 취급은 짝을 이루었다.

그런데 군주제에서 법적인 것을 빼내고 법적인 것에서 정치적인 것을 해방하기 위한 노력에도 불구하고 권력의 표상은 여전히 이 제도에 사로잡혀 있었다. 두 가지 예를 들어보기로 하자. 18세기 프랑스에서 군주제 비판은 법-군주제라는 제도에 대해서가 아니라, 모든 권력 메커니즘이 남용도 예외도 없이 슬그머니 흘러들 수 있을 순수하고 엄격한 법체계의 이름으로, 스스로는 그렇지 않다고 단언하면서도 끊임없이 법의 한계를 넘어서고 스스로 법 위로 올라서는 군주제에 대해 행해졌다. 당시의 정치비판은 군주제를 비난하기 위해, 군주제의 발전과 궤적을 같이한 법의 성찰을 이용했지만, 법이 권력의 형태 자체이어야 하고 권력이 언제나 법의 형태로 행사되어야 한다는 원칙을 문제시하지는 않았다. 정치제도에 대한 또 다른 유형의 비판이 19세기에 출현했는데, 그것은 실제의 권력이 법의 규정을 벗어난다는 것뿐만 아니라 법의 체계 자체가 폭력을 행사하고 폭력을 일부 사람들의 이익

로서 귀족이 프랑코 족의 후예라는 이론을 세웠고 《프랑스의 옛 정체의 역사》(1727), 《프랑스의 귀족에 관한 시론》(1732) 등을 썼다.

에 맞추며 일반적인 법의 겉모습 아래 지배의 불균형과 불의를 작용하게 하는 방식일 뿐이라는 것을 보여주는 것이므로 훨씬 더 철저한 비판이었다. 그러나 법에 대한 이러한 비판도 여전히 권력은 본질적으로 기본법에 따라 행사되는 것이 이상적이라는 전제를 바탕으로 하여 이루어진다.

요컨대 시대와 목적의 차이에도 불구하고 권력의 표상은 군주제에 사로잡혀 있었다. 사상과 정치의 분석에서는 늘 왕의 목이 잘린 것은 아니다. 권력의 이론에서 당위성과 폭력, 법과 위법성, 의지와 자유, 특히 국가와 주권(더 이상 군주의 인격이 아니라 집단적 존재에 의거하여 주권이 검토된다 할지라도)의 문제에 여전히 부여되는 중요성은 이 사실로부터 유래한다. 이 문제들에 입각하여 권력을 사유하는 것은 우리 사회에 매우 특유한 역사적 형태, 매우 특유하지만 어쨌든 과도적인 형태인 법적 군주제의 견지에서 이 문제들을 사유하는 것이다. 실제로 군주제의 형태들 중에서 많은 수가 존속했고 아직도 존속한다 해도, 매우 새로운 권력 메커니즘이 군주제에 점차로 스며들었는데, 이 권력 메커니즘은 아마 법의 표상으로 축소될 수 없을 것이다. 나중에 알게 될 터이듯이, 이 권력 메커니즘은 적어도 부분적으로는 18세기부터 인간의 생명, 살아 있는 생명체로서의 인간을 떠맡은 것이다. 그리고 본질적으로 징수徵收와 죽음에 집중된 권력을 아마 철저하지는 않을 방식으로 표상하는 데 법적인 것이 정말로 소용될 수 있었다 해도, 법적인 것은 이 새로운 권력과정과는 완전히 이질적이었다. 왜냐하면 이 새로운 권력과정은 법이 아니라 기술에 따라, 법률이 아니라 규범화에 따라, 징벌이 아니라 통제에 따라 작동하며, 국가 및 국가기

관의 한계를 벗어나는 차원과 형태에 작용하기 때문이다. 이제 우리는 수세기 전부터 법적인 것이 갈수록 권력을 코드화하거나 권력에 대해 표상체계의 구실을 할 수 없게 되는 유형의 사회로 진입했다. 법의 지배로부터 점점 더 멀어지는 것이 우리의 편향된 노선인데, 법의 지배는 프랑스 대혁명과 함께 헌법 및 법전의 시대가 가까운 미래에 다가올 것으로 약속하는 듯한 것으로서 그 시기에 이미 과거로 뒷걸음질 치기 시작했다.

성性과 권력의 관계에 관한 현 시대의 분석에서 아직도 작용하는 것은 이러한 법의 표상이다. 그런데 문제는 욕망이 정말로 권력과 무관한가, 흔히 상상하듯이 욕망이 법보다 선행하는가, 아니면 욕망을 구성하는 것은 결코 법이 아니지 않을까 하는 점을 아는 것이 아니다. 요점은 거기에 있지 않다. 욕망이 이것이건 저것이건, 어쨌든 누구나 계속해서 욕망을 법적이고 담론적인 권력, 즉 법의 언술에 중심점이 있는 권력과 관련하여 이해한다. 누구나 법 이론가들과 군주제가 보여주는 어떤 권력-법, 권력-주권의 이미지에 여전히 얽매여 있다. 그래서 권력과정의 구체적이고 역사적인 작용에 주안점을 두고 권력의 분석을 행하고자 할 때에는 바로 이 이미지, 다시 말해서 법과 주권의 이론적 특권으로부터 벗어나야 한다. 더 이상 법을 모델과 코드로 간주하지 않을 권력의 분석론을 구축할 필요가 있다.

이 성의 역사, 더 정확히 말해서 성에 관한 담론과 권력의 역사적 관계를 다루는 이 일련의 연구, 나는 이 연구의 계획이 서로 밀접한 관계가 있는 두 가지 시도라는 의미에서 순환적이라는 것을 기꺼이 인정한다. 권력의 법적이고 부정적인 표상을 벗어던지려고 시도하자. 법,

금기, 자유, 주권의 관점에서 권력에 관해 사유하기를 단념하자. 그러면 명백히 우리의 삶과 육체에서 가장 금지된 것의 하나인 것, 즉 성과 관련하여 최근의 역사에서 무슨 일이 일어났는가를 어떻게 분석할 수 있을까? 금지와 차단의 방식으로가 아니라면, 어떻게 권력은 성에 접근할까? 어떤 메커니즘이나 전술 또는 장치에 의해서일까? 이러한 문제로부터 뒤로 물러나 거리를 두고 약간만 세심하게 검토하면 분명히 드러나듯이 근대 사회에서 권력이 실제로 성생활을 법과 주권에 입각하여 규제하지는 않았다는 것을 인정하자. "금지"의 효과 하나보다 훨씬 더 복잡하고 더구나 훨씬 더 실증적인 진정한 성의 "기술"이 엄존한다는 것이 역사 분석에 의해 드러났다고 상정하자. 그러면 다른 어느 곳보다도 여기에서 더 분명히 권력이 금지로서 작용하는 듯한 만큼 누구나 어김없이 유난한 것으로 간주할 수 있는 이 사례는 법의 체계나 지배의 형태와 관련이 없는 분석의 원칙을 권력에 적용하도록 강요하는 것이 아니겠는가? 따라서 우리의 연구는 권력에 관한 또 다른 이론을 자체적으로 설정함으로써 역사 해독解讀의 또 다른 격자格子를 마련하는 것이고, 역사 연구의 자료 전체를 어느 정도 자세히 들여다봄으로써 권력에 대한 또 다른 이해방식 쪽으로 조금씩 나아가는 것이다. 법 없는 성性과 동시에 왕 없는 권력을 생각해보자.

2

방 법

그러므로 억압이나 법의 관점에서가 아니라 권력의 관점에서 성에 관한 어떤 유형의 지식이 형성된 과정을 분석해야 한다. 그러나 "권력"이란 낱말은 여러 가지 오해를 불러일으킬 우려가 있다. 동일성, 형태, 통일성과 관련되는 여러 가지 오해가 상존하고 있다. '권력'으로 나는 어느 특정한 국가에서 시민의 복종을 보증하는 제도와 기구 전체로서의 "권력"을 말하려는 것이 아니다. 나는 권력을 예속화 방식으로 이해하지도 않는데, 예속화 방식은 폭력과는 대립적으로 규칙의 형태를 띨지 모른다. 끝으로 나는 하나의 구성요소 또는 집단이 또 다른 구성요소나 집단에 부과하고 효과가 연속적으로 파생되어 사회체社會體 전체에 스며들 일반적 지배체제의 의미로 '권력'이란 말을 하는 것도 아니다. 권력의 관점에서 분석을 실행하고자 한다면 국가의 주권이나 법의 형태 또는 지배의 전반적 단일성을 애초의 여건으로 상정해서는 안 되는데, 이것들은 오히려 권력의 말단 형태일 뿐이다. 내가 보기에 권력은 우선 작용영역에 내재하고 조직을 구성하는 다수의 세력관계, 끊임없는 투쟁과 대결을 통해 다수의 세력관계를 변화시키고 강화하고 뒤집는 게임, 이 다수의 세력관계가 연쇄나 체계를 형성하게끔 서로에게서 찾아내는 거점, 이와는 반대로 세력관계들을 서로 분리하는 괴리나 모순, 끝으로 세력관계들이 효력을 발생하고 국가 기구, 법의 표명, 사회의 주도권1에서 일반적 구상이나 제도적 결정화가 구체화되는 전략으로 이해해야 할 듯하다. 권력의 가능 조건, 어쨌든 권력의 가장 "주변적인" 효과에서조차 권력의 행사를 이해 가능한 것으로 만들게 해주고 또한 권력의 메커니즘을 사회적 장場의 이해 가능한 격자로 활용할 수 있게 해주는 관점을, 중심점이 실재한다는 기본적 전제에서, 부차적이고 점감漸減하는 형태들이 사방으로 뻗어 나오게 되는 주권의 유일한 중심에서 찾으려고 해서는 안 된다. 권력의 가능 조건은 불균등에 의해 권력 상태를, 그러나 변함없이 국지적으로 불안정한 권력 상태를 끊임없이 유도하는 세력관계의 변동하는 기반이다. 권력의 편재偏在. 이것은 권력이 모든 것을 결코 무너지지 않을 통일성 아래 통합할 특권을 지닐지 모르기 때문이 아니라, 매 순간 모든 상황에서, 더 정확히 말하자면 어느 한 지점에 대한 다른 한 지점의 모든 관계에서 권력이 생산되기 때문이다. 권력은 도처에 있는데, 이는 권

---

1   * hégémonie. '패권'이라고 옮길 수도 있다. 참고로 그람시의 이론에서 '헤게모니'는 하나의 계급에 의해 행사되는 단순한 권력과 통상적 문화정체성이 아니라, 지배계급이 사회의 통제를 목적으로 문화를 전유하는 현상 내지는 경향이다.

력이 모든 것을 포괄하기 때문이 아니라 권력이 도처에서 발생하기 때문이다. 그리고 영속적이고 반복적이고 움직이지 않으면서도 자기 재생산적 측면을 갖는 "그" 권력은 이 모든 유동적인 것으로부터 점점 뚜렷해지는 전체적 효과, 이 유동적인 것들 각각에 기대면서도 이 유동적인 것들을 고정시키려고 애쓰는 연쇄일 뿐이다. 아마 명목론적일 필요가 있을 것이다. 권력은 제도도 아니고, 구조도 아니며, 몇몇 사람이 부여받았다고 하는 어떤 역량도 아니다. 권력은 어느 주어진 사회의 복잡한 전략적 상황에 부여되는 이름이다.

그러면 관례적 표현을 뒤집어서 정치는 다른 수단에 의해 수행되는 전쟁이라고 말해야 할까? 전쟁과 정치 사이의 거리를 여전히 유지하고자 한다면, 아마 이 다양한 세력관계는 오히려 "전쟁"의 형태로건 "정치"의 형태로건, 결코 전적으로가 아니라 부분적으로 코드화될 수 있다고 주장해야 할지 모르고, 그러면 전쟁과 정치는 이 불균형적이고 이질적이고 불안정하고 긴장된 세력관계를 통합하기 위한 서로 다른(그러나 서로에게로 쉽게 기우는) 두 가지 전략일지 모른다.

우리는 이러한 방침을 따라가면서 몇 가지 주장을 조심스럽게 제시하고자 한다.

— 권력은 손에 넣거나 빼앗거나 공유하는 것도 아니고, 간직하거나 멀어지게끔 내버려두는 것도 아니다. 권력은 무수한 지점으로부터, 불평등하고 유동적인 관계들의 상호작용 속에서 행사된다.

— 권력관계는 다른 유형의 관계(경제 과정, 지인知人관계, 육체관계)

에 대해 외재성의 위치에 있는 것이 아니라 다른 유형의 관계에 내재하고, 거기에서 생겨나는 분할, 불평등, 불균형의 직접적 결과이고, 역으로 이러한 차별화의 내부적 조건이고, 단순한 금지나 추방의 역할에 힘입어 상부구조의 위치를 점하는 것이 아니라 작용하는 거기에서 직접적으로 생산적 역할을 맡는다.

— 권력은 아래로부터 나온다. 다시 말해서 지배자와 피지배자 사이의 전반적 이항 대립, 위에서 아래로 사회체의 심층에서까지 점점 더 제한된 집단에 영향을 미치는 그러한 이원성이 권력관계의 원리에 일반적 모태로서 작용하는 것은 아니다. 오히려 생산기구, 가족, 제한된 집단, 제도 안에서 형성되고 작용하는 다양한 세력관계가 사회체 전체를 뚫고 지나가는 폭넓은 균열 효과에 대해 매체의 구실을 한다고 상정해야 한다. 그래서 이러한 균열 효과는 국지적 대결 상황들을 가로지르고 연결하는 전반적인 세력선勢力線을 형성하고, 물론 역으로 국지적 대결 상황들에 대해 재배치, 정렬, 균질화, 계열별 조정, 집중화를 실행하기도 한다. 강력한 지배는 모든 대결 상황의 강도를 지속적으로 유지하는 주도권의 효과이다.

— 권력관계는 의도적이면서 동시에 주관적이지 않다. 실제로 권력관계가 이해 가능한 것은 권력관계가 권력관계를 "설명해 주리라"고 기대되는 다른 심급의 인과적 결과이기 때문이 아니라, 권력관계의 여기저기에 계산이 스며들기 때문이다. 일련의 목표와 목적 없이 행사되는 권력은 없다. 그러나 이것은 권력이 개별 주체의 선택 또는 결

정에서 유래한다는 것을 의미하지 않는다. 권력의 합리성을 주재하는 참모본부를 찾으려 하지 말자. 통치하는 카스트2도, 국가의 여러 기구를 통제하는 집단도, 가장 중요한 경제적 결정을 내리는 사람들도 사회에서 작동하는 (그리고 사회를 작동하게 하는) 권력망權力網 전체를 관리하지는 못하는데, 권력의 합리성은 편입되는 제한된 층위, 가령 권력의 국지적 파렴치에서 흔히 명료하게 드러나는 전술의 합리성, 다시 말해 서로 연쇄되고 서로 불러들이고 확산되고 다른 곳에서 지지支持와 조건을 찾아냄으로써 마침내 전반적 장치를 드러내는 전술의 합리성이다. 거기에서 논리는 여전히 완벽하게 분명하고 목표는 쉽게 해독될 수 있지만, 그러한 전술을 구상한 사람도 더 이상 없고 그러한 전술을 표명한 사람도 더 이상 존재하지 않는 일이 일어난다. 말하자면 떠들썩한 전술의 "입안자" 또는 책임자가 흔히 위선적이지는 않지만 그런데도 여러 전술을 통괄하는 익명의 거의 말없는 광범위한 전략들에는 암묵暗默의 성격이 깃들어 있다.

— 권력이 있는 곳에 저항이 있지만, 더 정확히 말하면 바로 그렇기 때문에 저항은 권력에 대해 결코 외부에 놓여 있는 것이 아니다. 누구나 예외 없이 법을 따를 것이기 때문에, 누구라도 필연적으로 권력 "안에" 있다고, 누구도 권력에서 "벗어나지" 못한다고, 권력과 관련하여 절대적 외부는 존재하지 않는다고 말해야 할까? 아니면 역사는 이성理性의 술책術策이므로, 권력, 언제나 승리하는 권력은 역사의 술수라고

---

2   * caste. 배타성을 내보이고 특권이나 기득권을 유지하려는 상층 계급.

말해야 할까? 그렇다고 긍정한다면 이는 권력관계의 엄밀하게 관계적인 성격을 오해하는 것이 될 것이다. 권력관계는 다수의 저항지점에 따라서만 존재할 수 있을 뿐이다. 저항지점은 권력관계에서 반대자, 표적, 버팀목, 공략해야 할 돌출부의 구실을 한다. 이러한 저항지점은 권력망의 도처에 있다. 따라서 권력에 대한 커다란 거부의 '한' 장소, 가령 반항의 정신, 모든 반란의 중심, 순수한 혁명가의 권위는 없다. 반면에 일반 법칙이 적용되지 않는 특별한 경우인 "여러" 저항, 예컨대 가능한 저항, 필요한 저항, 있음직하지 않은 저항, 자발적 저항, 우발적 저항, 외로운 저항, 합의된 저항, 은밀히 퍼지는 저항, 격렬한 저항, 화해가 불가능한 저항, 재빨리 타협하는 저항, 이해관계 때문에 일어나는 저항, 또는 희생적 저항 등이 있다. 정의상 이러한 저항은 전략적 권력관계의 영역에서만 존재할 수 있을 뿐이다. 그러나 이는 저항이 권력에 대한 반발이나 권력의 무의미한 표지標識일 뿐이어서 기본적 지배에 대해 요컨대 언제나 수동적이고 패배하게 마련인 이면裏面을 형성한다는 것을 의미하지 않는다. 저항은 몇몇 이질적 원칙에 따라 이루어지는 것이 아니지만, 그렇다고 해서 속임수나 필연적으로 지켜지지 않을 약속인 것도 아니다. 저항은 권력관계에서 다른 항項이고, 요지부동의 맞은편으로서 권력관계에 편입된다. 그러므로 저항도 역시 배치가 불규칙하다. 저항의 지점, 요충지, 중심은 시간과 공간 속에 어느 정도 조밀하게 흩어져, 때때로 집단이나 개인을 들고일어나게 하고 육체의 몇몇 부위, 삶의 몇몇 순간, 몇 가지 유형의 행동을 자극한다. 이는 커다란 근본적 단절, 이항적이고 대대적인 분할일까? 때로는 그렇다. 그러나 대개의 경우에는 유동적이고 과도적인 저항지점들이 문젯거리로 떠오르면서, 사회의 여기저기에 균열이 생기고 통일성이 무너지고 재편성이 초래되고 개인에게 자국이 나고 개인이 재단되고 개조되며 개인의 마음속에, 개인의 육체와 영혼에 축소할 수 없는 영역이 그려진다. 기구와 제도에 스며들지만 정확히 기구와 제도에만 국한되지는 않는 조밀한 조직을 권력관계의 망이 마침내 형성하는 것과 마찬가지로, 저항지점들의 이동은 사회 계층과 개인의 통일성을 꿰뚫는다. 그리고 어느 정도 국가가 권력관계들의 제도적 통합에 기반을 두듯이, 혁명을 가능하게 하는 것은 아마 이러한 저항지점들의 전략적 코드화일 것이다.

바로 이 세력관계의 영역에서 권력의 메커니즘을 분석하려고 시도해야 한다. 그러면 우리는 그토록 오랫동안 정치적 사유를 현혹시킨 군주-법 체제에서 벗어나게 된다. 그리고 마키아벨리가 군주의 권력을 세력관계의 관점에서 사유한 얼마 안 되는 사람들에 포함되었다는 것이 사실이라 해도, 그리고 아마 이로 인해 그의 "파렴치"가 추문을 일으켰을 것이지만, 어쩌면 한 걸음 더 나아가 군주라는 인물에 기대지 않고 세력관계에 내재하는 전략으로부터 권력 메커니즘을 해독할 필요가 있을 것이다.

그러므로 성性으로 되돌아가 성을 떠맡은 진실의 담론을 재론하기 위해 해결해야 할 문제는 틀림없이, 이런저런 국가 구조가 있다고 할 때 어떻게, 왜 "그" 권력이 성에 관한 지식의 확립을 필요로 하는가가 아닐 것이다. 또한 18세기부터 성에 관해 참된 담론을 생산하는 데 기울인 세심한 주의가 어떤 전체적 지배에 소용되었을까도, 어떤 법칙이 성적 행동의 적법성과 성적 행동에 관해 이야기되는 내용의 정합성整合性을 지배했을까도 시급히 해결해야 할 문제는 아닐 것이다. 그보다는 오히려 성에 관한 이런저런 유형의 담론에서, 역사적으로 일정한 장소에서(어린이의 육체를 중심으로, 여성에 관해, 산아제한의 관행과 관련하여 등) 나타나는 이런저런 진실의 강요에서 작용하는 가장 직접적이고 가장 국지적인 권력관계는 무엇일까, 어떻게 권력관계가 그러한 종류의 담론을 가능하게 하고, 역으로 어떻게 담론이 권력관계에 대해 매체의 구실을 하는 것일까, 어떻게 권력관계들의 상호작용이 권력관계들의 실행 자체에 의해, 이를테면 어떤 요소들의 강화, 또 어떤 요소들의 약화, 저항 효과, 반反투자3에 의해 변모되기에, 결정적으로 주어지는 안정된 복종의 유형이 존재하지 않았을까, 어떻게 권력관계들이 회고적으로 성에 대한 단일하고 의지주의적意志主義的인 정책의 양상을 띠는 전반적 전략의 논리에 따라 서로 연결되는 것일까 하는 점이 해결해야 할 문제이다. 요컨대 성에 대해 행사되는 아주 미세한 온갖 폭력, 성을 수상쩍은 듯이 바라보는 모든 시선, 성의 가능한 인식이 말소되는 모든 은닉 장소를 광범위한 권력의 독특한 형태와 연관시키는 것보다는 오히려 성에 관한 담론의 풍부한 생산을 다양하고 유동적인 권력관계의 장場 속에 잠그는 것이 중요하다.

---

3   * contre-investissement. 정신분석학의 용어로서, 억압과 긴밀한 관계가 있고 자아의 방어구조의 유지와 증후의 안정성에 필요한 경제적 과정의 의미이다. '대항(대안 또는 저항)투자'로도 옮길 수 있는 이 용어는 리비도의 투자(투입) 중단에 의해 사용할 수 있게 된 에너지의 활용이다. 이것의 대상은 물건이나 표상 또는 무의식적 욕망과 대립하는 의식적 태도일 수 있다.

이것은 예비적으로 4가지 규칙을 제시하도록 유도한다. 그러나 다음의 4가지 규칙은 결코 절대적으로 요청되는 방법이 아니라 기껏해야 신중한 접근을 위한 처방일 뿐이다.

1. 내재성의 규칙

당연히 공평하고 자유로운 과학적 인식의 영역에 속하지만 권력의 경제적이거나 이데올로기적 요구 때문에 금지의 메커니즘이 작용하게 된 성생활의 어떤 영역이 있다고 생각해서는 안 된다. 성생활이 인식의 영역으로 성립된 것은 성을 가능한 대상으로 정립한 권력관계로부터이고, 역으로 권력이 성생활을 표적으로 삼을 수 있었던 것은 지식의 기술, 담론의 절차가 성생활을 에워쌀 수 있었기 때문이다. 지식의 기술과 권력의 전략이 제각기 특별한 역할을 맡고 상호간의 차이를 근거로 하여 서로 맞물린다 해도, 지식의 기술과 권력의 전략 사이에는 아무런 외재성外在性이 없다. 그러므로 우리는 권력-지식의 "국지적 중심"이라고 불릴 수 있을 것, 예컨대 고해하는 사람과 고해를 듣는 신부 또는 신자와 고해신부 사이의 관계에서 출발할 것인데, 그들 사이의 관계에서 통제해야 할 "육신"의 영향 아래 갖가지 형태의 담론, 가령 자기 성찰, 심문, 고백, 해석, 대담은 일종의 끊임없는 왕복 운동 속에서 복종의 형태와 인식의 도식을 전달한다. 이와 마찬가지로 어린이는 요람이나 침대 또는 침실에서 성의 조짐이 조금이라도 보이면 그것에 관심을 쏟는 부모, 유모, 하인, 교육자, 의사에 의해 교대로 감시당하고 둘러싸인다는 점에서, 어린이의 육체는 특히 18세기부터 권력-지식의 또 다른 "국지적 중심"이었다.

2. 끊임없는 변이의 규칙

성생활의 영역에서 살펴야 할 것은 누가 권력을 지니고 있는가(남자, 성인, 부모, 의사), 누가 권력을 빼앗기는가(여자, 청소년, 어린이, 환자…) 하는 것도 아니고, 누가 지식의 권리를 가지고 있는가, 또는 누가 강제적으로 무지에 갇혀 있는가 하는 점도 아니다. 그보다는 오히려 세력관계들의 상호작용이 함축하는 변화의 도식을 찾아야 한다. "권력의 배분"과 "지식의 전유專有"는 가장 강력한 요소의 점증적 강화이거나 관계의 전도이거나 두 요소의 동시적 증대이거나 하는 과정에서 순간적 절단면切斷面만을 나타낼 뿐이다. 권력-지식 관계는 어느 일정한 배치의 형태가 아니라 "변화의 모태"이다. 19세기에 어린이와 어린이의 성을 중심으로 아버지, 어머니, 교육자, 의사로 구성된 집단에는 끊임없는 변모, 지속적 변화가 스며들었는데, 이 변모나 변화의 가장 괄목할 만한 결과의 하나는 다음과 같은 이상한 전복이었다. 즉, 처음에는 어린이의 성생활이 의사와 부모 사이에서 직접적으로 확립되는 관계 속에서(충고, 감시의 권고, 미래에 나타남 직한 위험의 경고와 같은 형태로) 문제시되었는데도, 정신과 전문의와 어린이 사이의 관계 속에서 결국 문제가 된 것은 성인들 자신의 성생활이다.

3. 이중 조정의 규칙

어떤 "국지적 중심"도, 어떤 "변화의 도식"도 차례로 계속되는 일련의 연쇄에 의해 결국 전체적 전략에 편입되지 않는다면 기능을 수행할 수 없을 것이다. 그리고 역으로 어떤 전략도 적용이나 최종적 결과의 구실이 아니라 매체와 정착 지점의 구실을 하는 구체적이고 미세한 관계에 기대지 않는다면 전반적 효과를 보장받을 수 없을 것이다. 이러한 관계 또는 국지적 중심이나 변화의 도식과 전략 사이에는 마치 이 양자가 두 가지 서로 다른 차원(미시적 차원과 거시적 차원)에 속할 경우와 같은 불연속성이 있는 것도 아니고 (마치 하나가 다른 하나의 확대 투영 또는 축소판일 경우와 같은) 동질성이 있는 것도 아닌 만큼, 오히려 가능한 전술의 특수성에 의한 전략의 조정과 가능한 전술을 작동하게 하는 전략적 포위에 의한 전술의 조정調整이라는 이중의 조정을 생각할 필요가 있다. 가령 가정에서의 아버지는 군주나 국가의 "대표자"가 아니고, 군주와 국가는 결코 또 다른 층위로 투사된 아버지가 아니다. 가족은 사회를 흉내 내는 것이 아니고, 역으로 사회는 가족을 닮은 것이 아니다. 그러나 다른 권력 메커니즘에 대해 섬과 같고 이형적異形的 측면을 지닌 가족의 장치는 출산율에 대한 맬서스적 통제, 인구 증가의 장려, 성의 의학화, 생식과 관계가 없는 형태의 성에 대한 정신의학적 취급을 위한 폭넓은 "조작"에 대해 매체의 구실을 할 수 있었다.

4. 담론의 전술적 다가성多價性의 규칙

성에 관해 말해지는 것을 이러한 권력 메커니즘의 단순한 투영면投影面처럼 분석해서는 안 된다. 권력과 지식이 서로 맞물리게 되는 것은 바로 담론에서이다. 그리고 바로 이러한 이유 때문에 담론을 전술적 기능이 한결같지도 항구적이지도 않은 일련의 불연속적 선분線分으로 이해해야 한다. 더 정확히 말해서 담론의 세계를 공인되는 담론과 배제되는 담론, 또는 지배하는 담론과 지배받는 담론 사이에서 분할된 것으로가 아니라, 다양한 전략에 작용할 수 있는 다수의 분산된 요소로 생각해야 한다. 재구성해야 할 것은 바로 이 배치이자, 또한 말해지는 것과 감추어지는 것 중에서 이 배치에 포함되는 것, 요구되고 금지되는 언술이고, 말하는 사람, 말하는 사람이 차지하고 있는 권력의 위치, 말하는 사람이 놓여 있는 제도적 맥락에 따라 이 배치에 전제되어 있는 변이형變異形과 갖가지 효과이며, 또한 이 배치가 내포하는 상호 대립적 목적들을 위한 똑같은 방책方策의 이동과 재활용이다. 담론은 침묵과 마찬가지로 결정적으로 권력에 굴복하지도 권력에 대항하여 일어서지도 않는다. 담론이 권력의 도구이자 동시에 결과일 수 있을 뿐만 아니라 장애물, 제동장치, 저항지점, 대립적 전략을 위한 거점일 수 있는 복잡하고 불안정한 작용을 인정해야 한다. 담론은 권력을 전하고 생산하고 강화하고 서서히 잠식하고 노출시키고 약화시키고 가로막게 해준다. 이와 마찬가지로 침묵과 비밀은 권력을 보호하고 권력의 금기를 정착시키고 권력의 강압을 느슨하게 하고 다소간 막연한 관용을 마련한다. 예컨대 자연에 반하는 "그" 대죄大罪였던 것의 역사를 생각해 보라. 남색男色이라는 불명료한 범주에 관한 텍스트들에서 찾아볼 수 있는 극단적 조심성, 남색에 관해 말하기를 꺼리는 거의 보편적인 망설임은 오랫동안 이중의 작용을 가능하게 했다. 한편으로는 지극히 엄중한 형벌이 가해졌고(18세기에도 여전히 화형火刑이 실행되었는데, 18세기 중엽에 이르기까지 화형에 대한 항의는 명백하게 표명된 적이 전혀 없었다), 다른 한편으로는 분명히 매우 폭넓은 관용이 발휘되었다(이 관용은 사법적 단죄가 드물었다는 사실에서 간접적으로 추론되고 군대 또는 궁정에 실재했을 남자들만의 사회에 관한 몇몇 증언에서 더 직접적으로 눈에 띈다). 그런데 동성애, 성도착, 소년애, "심리적 양성구유"의 갖가지 종류 및 아류에 관한 일련의 모든 담론이 19세기의 정신의학과 법 해석뿐만 아니라 문학에서 출현한 현상은 확실히 이 "성적 도착"의 영역에서 사회적 통제의 매우 강력한 진전을 가능하게 했지만, 이와 동시에 "반발" 담론도 형성할 수 있게 했다. 즉, 동성애에 관해 말하고 동성애의 정당성이나 "자연성"을 주장하는 동향이 나타나기 시작했는데, 이 과정에서 흔히 동성애를 의학적으로 폄하하는 어휘와 범주가 이용되었다. 한쪽에 권력의 담론이 있고 맞은편에 권력의 담론과 정면으로 대립하는 또 다른 담론이 있는 것은 아니다. 담론은 세력관계의 영역에서 전술적 요소 또는 연합이고, 동일한 전략의 내부에는 서로 다르고 심지어 모순되기까지 하는 담론들이 있을 수 있지만, 반면에 그것들은 서로 대립하는 전략들 사이에서 모습을 바꾸지 않고 유통될 수 있다. 성에 관한 담론에 대해서도 그것이 어떤 암묵적 이론에서 파생하는가, 그것이 어떤 도덕적 분할을 연장하는가, 또는 그것이 지배하는 것이건 지배되는 것이건 어떤 이데올로기를 나타내는가를 먼저 물을 필요는 없다. 성에 관한 담론의 전술적 생산성(성에 관한 담론은 지식과 권력의 어떤 상호적 효과를 보장하는가)과 성에 관한 담론의 전략적 통합성(어떤 제휴와 어떤 세력관계가 다양한 대결의 이런저런 국면에서 성에 관한 담론의 활용을 필요하게 만드는가)이라는 두 가지 층위에서 성에 관한 담론을 검토해야 한다.

요컨대 법의 특권을 전략적 목표의 관점으로, 금기의 특권을 전술적 유효성의 관점으로, 주권의 특전을 전반적이지만 결코 전적으로 안정된 것은 아닌 효과를 낳는 세력관계의 복잡하고 유동적인 영역의 분석으로 대체하는 권력의 이해 쪽으로, 즉 법적 모델보다는 오히려 전략적 모델 쪽으로 나아가는 것이 중요하다. 이는 사변적 선택이나 이론적 선호 때문이 아니라, 오랫동안 주로 전쟁에서, 온갖 형태의 전쟁에서 구체적으로 표현된 세력관계가 정치권력의 영역으로 조금씩 투자되었고 이것이 실제로 서양사회의 기본 특징들 가운데 하나이기 때문이다.

3

영 역

성생활을 권력에 대해 본래 무관하고 부득이해서 권력이 관리하려 해도 권력에 순종하지 않는 다루기 힘든 힘의 발현으로 묘사해서는 안 되는데, 권력으로서는 자신의 통제 아래 성생활을 묶어두려고 나름대로 부심하지만 흔히 성생활을 완전히 제압하는 데에는 실패한다. 성생활은 오히려 남자와 여자, 젊은이와 노인, 부모와 자녀, 교육자와 학생, 성직자와 세속인, 공무원과 주민 사이의 권력관계에서 유별나게 밀도 높은 통로 지점으로 나타난다. 권력관계에서 성생활은 가장 은밀한 요소가 아니라 가장 많은 활동에 이용될 수 있고 가장 다양한 전략에 대해 거점 또는 연결 지점의 구실을 할 수 있다는 점에서 오히려 가장 큰 도구성道具性을 갖추고 있는 요소의 하나이다.

모든 사회에 대해 유효하고 한결같이 성의 모든 구체적 발현을 대상으로 하는 유일하고 전반적인 전략은 존재하지 않는다. 성의 모든 것을 생식기능, 성인의 이성애적 형태, 결혼의 정당성으로 축소하려는 시도가 갖가지 수단을 통해 이루어졌다는 관념은 아마 남녀 양성, 서로 다른 연령, 다양한 사회 계급과 관련된 성생활 정책에서 겨냥되는 다양한 목적과 이용되는 다양한 수단을 설명해주지 못할 것이다.

처음 접근할 때 4가지 커다란 전략의 집합이 18세기부터 구별될 수 있을 듯한데, 이것들에 의해 지식과 권력의 특수한 장치가 성에 적용된다. 이것들은 그 시기에 한꺼번에 생겨나지는 않았지만, 당시에 일관성을 띠었고 권력의 영역에서 실효성을, 지식의 영역에서 생산성을 갖게 되었고, 이에 힘입어 이것들의 상대적 자율성을 설명하는 것이 가능하다.

'여성 육체의 히스테리화'

이것은 여성의 육체가 완전히 성생활로 포화된 육체로서 분석되고, 이를테면 자격을 부여받거나 자격을 박탈당하거나 하고, 여성의 육체에 고유한 병리학의 영향 아래 여성의 육체가 의료 실천의 영역에 통합되며, 끝으로 여성의 육체가 (여성의 육체에 의해 일정한 다산성을 보장받게 되어 있는) 사회체, (여성의 육체가 실질적이고 기능적인 요소이게 되어 있는) 가족 공간, (여성의 육체가 낳고, 교육하는 동안 내내 지속하는 생명-도덕적 책임 때문에 보호해야 하는) 어린이의 삶과 유기적으로 연결된 삼중의 관계이다. 가령 어머니는 "신경질적 여자"라는 부정적 이미지에 힘입어, 이 히스테리화의 가장 가시적인 형태가 된다.

'어린이의 성의 교육학화'1

이것은 모든 어린이가 성적 활동에 빠지거나 빠지기 쉽다는, 그리고 이 성적 활동이 부당할 뿐더러 "자연적이고" 동시에 "자연을 거스르기" 때문에 육체와 정신, 집단과 개인에 대해 위험을 내포한다는 이중의 단언이다. 어린이는 성의 바깥에 있건 이미 성의 내부로 들어간 상태이건, 위험한 분할선 위에서 "예비 단계를 밟고 있는" 성적 존재로 규정되고, 부모와 가족, 교육자와 의사, 그리고 나중에는 심리학자가 이 소중하고 위태롭고 위험하고 위험에 처하는 성생활의 싹을 연속적으로 떠맡게 된다. 이 교육학화는 특히 자위에 대한 전쟁으로 표면화되는데, 자위에 대한 전쟁은 서양에서 거의 두 세기 동안 지속했다.

'출산의 사회화'

이것은 "사회적" 또는 세무적稅務的 조치에 의해 부부의 생식능력에 부과되는 모든 장려와 제한을 통한 경제적 사회화, (제한하거나 반대로 강화할 필요가 있는) 사회체 전체에 대한 부부의 책임감을 고취함으로써 이루어지는 정치적 사회화, 개인과 종種에 대해 산아제한의 관행은 병의 원인이 된다는 의식에 의한 의학적 사회화이다.

'도착적 쾌락의 정신의학화'.

이에 따라 성적 본능이 자율성을 지닌 생체적이고 정신적인 본능으

1 　* 풀어서 말하자면 어린이의 성을 아동교육학이라는 영역으로 끌어들이는 동향, 어린이의 성이 아동교육학의 주제로 자리 잡게 되는 동향이다.

로서 별도로 다루어졌고, 성적 본능을 침범할 수 있는 모든 형태의 비정상에 대한 임상 분석이 이루어졌고, 모든 행동에 관한 규범화와 병리학화의 역할이 임상 분석에 부여되었고, 이 비정상에 대한 교정 기술이 모색되었다.

19세기에 줄곧 성에 대한 관심이 높아지면서 네 인물이 지식의 특권적 대상으로, 지식의 기획을 위한 표적과 정착 지점으로 점점 뚜렷해지는데, 그들은 히스테리증의 여자, 수음에 빠져든 어린이, 산아제한을 하는 부부, 성도착적 성인으로서, 제각기 어린이, 여자, 남자의 성을 나름대로 가로지르고 이용한 이 전략들 가운데 하나에 대응한다.

이 전략들의 관건은 무엇일까? 성생활에 대한 투쟁? 아니면 성생활을 통제하려는 노력? 성생활을 더 잘 규제하고 성생활이 지닐 수 있는 경솔하고 요란하고 불순종적인 측면을 감추려는 시도? 겨우 받아들일 만하거나 쓸모 있을 일부분의 지식을 성생활에 관해 표명하는 방식? 사실 중요한 것은 오히려 성생활을 새롭게 만들어내는 것이다. 성생활을 권력이 꼼짝 못하게 억누르려고 하는 일종의 자연적 여건 또는 지식이 조금씩 밝혀낼 어두운 영역으로 이해해서는 안 된다. 성생활은 하나의 역사적 장치에 부여할 수 있는 이름이다. 다시 말해서 공략하기가 쉽지 않을 심층의 현실이 아니라, 육체의 자극, 쾌락의 강화, 담론의 선동, 인식의 형성, 통제와 저항의 확대가 지식과 권력의 몇몇 중요한 전략에 따라 서로 연쇄되는 광범위한 표면의 조직망이다.

성의 교류는 모든 사회에서 '혼인관계의 장치', 2 즉 결혼, 친족의 결정과 확대, 성씨姓氏와 재산의 계승에 관한 제도를 낳았다고 아마 누구라도 인정할 수 있을 것이다. 경제 과정과 정치 구조가 혼인관계의 장치에서 적절한 도구나 충분한 매체를 더 이상 발견할 수 없게 되면서, 혼인관계의 장치를 보장하는 속박 메커니즘과 혼인관계의 장치가 불러들이는 흔히 말하는 복잡한 지식 때문에, 이 혼인관계의 장치는 중요성을 상실했다. 근대의 서양사회는 혼인관계의 장치와 겹치고 혼인관계의 장치와 단절되지 않으면서 이 장치의 중요성을 축소하는 데 일조한 새로운 장치를 특히 18세기부터 고안하여 배치했다. 그것이 바로 '성생활의 장치'이다. 성생활의 장치는 혼인관계의 장치처럼 성적 상대방에 연결되지만, 그 연결의 방식은 전혀 다르다. 누구나 혼인관계의 장치와 성생활의 장치를 항목별로 대조할 수 있을지 모른다. 혼인관계의 장치는 허용된 것과 금지된 것, 규정된 것과 비합법적인 것을 확정하는 규범 체계를 중심으로 구축되고, 성생활의 장치는 경기景氣처럼 유동적이고 다형적인 권력의 기술에 따라 작동한다. 혼인관계의 장치는 관계들의 상호작용을 재현하고 관계들을 규제하는 법을 유지하는 것이 주요한 목적에 포함되는 반면, 성생활의 장치는 통제의 영역과 형태를 끊임없이 확대하고 늘린다. 전자의 경우에서 정당한 것은 명확한 신분을 갖는 상대들 사이의 관계이지만, 후자의 경우에서 정당한 것은 육체의 감각, 쾌락의 특성, 인상의 성격 — 아무리 미세하고 미미할지라도 — 이다. 요컨대 혼인관계의 장치가 부富의 상속이나 유통에서 맡을 수 있는 역할 때문에 경제와 긴밀하게 맞물려

2   * dispositif d'alliance. 여기에서 '알리앙스'는 우선 '동맹'이나 '연합'의 뜻보다는 오히려 '혼인을 통해 생겨나는 가족 관계'의 의미이다.

있다면, 성생활의 장치는 많고 감지하기 힘든 중계 지점, 그러나 육체, 이를테면 생산하고 소비하는 육체가 제일 중요한 것으로 자리하는 중계 지점들에 의해 경제와 밀접하게 연결되어 있다. 한마디로 혼인관계의 장치는 아마 사회체의 항상성恒常性3에 따라 조직될 것이고, 이 장치의 기능은 사회체의 항상성을 유지하는 데 있는데, 이로부터 이 장치와 법의 특권적 관계가 유래하고, 또한 이로 인해 혼인관계의 장치에서는 "생식"이 가장 중요하다. 성생활 장치의 존재이유는 생식하는 데 있는 것이 아니라, 급증하는 데, 육체들을 쇄신하고 한데 모으고 새로 만들고 점점 더 상세한 방식으로 육체에 스며드는 데, 그리고 점점 더 전반적으로 인구를 통제하는 데 있다. 따라서 사회의 근대적 형태들에 의해 성생활이 억압된다는 주제에 전제되어 있는 것과 반대되는 서너 가지 명제를 인정할 필요가 있다. 즉, 성생활은 새로운 권력의 장치와 깊은 관계가 있고, 17세기부터 점점 확산되는 상태에 놓여 있고, 그때부터 성생활을 밑받침한 배치는 생식에 따라 이루어지지 않고, 애초부터 육체의 강화, 즉 육체가 지식의 대상 겸 권력관계의 요소로서 가치를 갖는 현상과 연결된 것이다.

혼인관계의 장치가 성생활의 장치로 대체되었다고 말하는 것은 정

---

3 * homéostasie. '외적 환경의 변화가 일어날 때 일정한 수의 생물학적 매개변수의 균형상태를 유지하는 일'을 의미하는 생리학 용어인데, 최근에 이르러 특히 동식물군의 변동을 규제하는 메커니즘과 관련된 생태학적 연구에 원용되고 있다. 항상성은 무엇보다도 많은 대체 관계가 있어서 통상적 과정의 결함을 메우고 외적 교란을 완화시키는 다양화된 생태계에서 흔히 나타난다. 여기에서는 사회를 하나의 육체 내지는 생태계로 보고 이 말을 쓴 듯하다.

확하지 않을지 모른다. 언젠가는 아마 성생활의 장치가 혼인관계의 장치를 대신할 것이라고들 상상할 수도 있다. 그러나 오늘날 성생활의 장치가 혼인관계의 장치를 포괄하는 경향이 있다 해도, 사실상 혼인관계의 장치는 이로 인해 사라지지도 쓸데없는 것이 되지도 않았다. 다른 한편으로 보면 역사적으로 성생활의 장치가 자리를 잡은 것은 혼인관계의 장치를 중심으로, 혼인관계의 장치로부터이다. 고해의 실천, 그다음으로 자기 성찰과 영성 지도의 실천은 성생활의 장치를 형성하는 핵심이었다. 그런데 앞에서 이미 살펴보았듯이, 4 고해실告解室에서 우선 문제되는 것은 관계의 매체로 떠오르는 성이었고, 제기되는 물음은 허용되거나 금지된 교제에 관한 것이었으며(간통, 혼외 관계, 혈연 또는 신분에 의해 금지된 상대와의 관계, 교접 행위의 정당성 여부), 그러고 나서 점차로 새로운 교서敎書에 힘입어, 그리고 신학교, 중등학교, 수도원에서 새로운 교서가 응용되면서 관계의 문제의식은 자취를 감춘 반면, "육신"의 문제의식은 한층 더 두드러지게 되었다. 다시 말해서 육체, 감각, 쾌락의 성격, 정욕의 가장 은밀한 움직임, 환희와 동의의 가장 미묘한 형태에 관한 문제의식이 등장했다. "성생활"이 탄생하는, 애초에 혼인관계에 집중된 권력의 기술에서 탄생하는 중이었다. 그 후로 성생활은 끊임없이 가족제도와 관련하여 가족제도에 기대면서 작용했다. 18세기에 사회의 기본 단위로서 가치를 부여받은 가족은 성생활의 장치를 구성하는 주요한 요소들(여성의 육체, 어린이의 조숙성, 출산의 조절, 그리고 아마 가장 좁은 범위 내에서일

---

4   *supra*, p. 43 참조.

터이지만 성도착자의 명시) 이 가족의 두 가지 주된 차원, 즉 남편-아내의 축과 부모-자식의 축 위에서 전개되는 것을 가능하게 했다. 현대적 형태의 가족을 성생활이 배제되거나 적어도 억제되고 가능한 한 약화되고 성생활로부터 유용한 기능만이 채택되는 사회적이고 경제적이고 정치적인 혼인관계의 구조로 이해해서는 안 된다. 반대로 가족의 역할은 성생활을 정착시키고 성생활의 영속적 매체를 구성하는 것이다. 가족은 혼인관계의 제도에서 그때까지 무시되어 온 새로운 권력의 전술이 온통 혼인관계의 제도에 스며드는 것을 가능하게 함으로써, 혼인관계의 특권과 동질적이지 않은 성생활을 새로 만들어낼 수 있도록 보장한다. 가족은 성생활과 혼인관계의 입체교차로이다. 다시 말해서 가족은 법과 법적인 것의 차원이 성생활의 장치로, 쾌락의 경제와 감각의 강도가 혼인관계의 체제로 퍼져 나가는 공간이다.

　가족의 형태 안에서 성생활의 장치와 혼인관계의 장치가 고정되는 이러한 현상은 몇 가지 사실, 즉 가족은 18세기부터 필연적으로 정서, 감정, 사랑의 장소가 되었고, 성생활의 특권적 개화開花 지점은 가족이며, 이러한 이유 때문에 성생활은 "근친상간"적인 것으로 생겨난다는 사실을 이해하게 해준다. 혼인관계의 장치가 압도적인 사회에서 근친상간近親相姦의 금지는 기능적으로 불가결한 규칙일 수 있다. 그러나 우리 사회처럼 가족이 성생활의 가장 활기찬 중심이고 아마 성생활의 요구가 가족의 존재를 유지하고 연장하는 듯한 사회에서는 근친상간이 전혀 다른 이유 때문에, 전혀 다른 방식으로 중심의 자리를 차지하며, 강박관념과 소환의 대상, 두려운 비밀, 불가결한 접합부로서 끊임없이 환기되고 거부된다. 근친상간은 가족이 혼인관계의 장치로 작용하는 한, 가족 안에서 엄격하게 금지되는 것으로 나타날 뿐만 아니라, 가족이 성생활의 영속적 선동의 중심이기 위해 부단히 요구되는 것이기도 하다. 서양이 한 세기 이상 동안 근친상간의 금지에 그토록 많은 관심을 보였고 근친상간의 금지가 거의 한결같이 사회의 보편적인 것으로, 그리고 문화에 불가결한 통로 지점들 중의 하나로 해석된 것은 근친상간의 욕망으로부터가 아니라, 자리는 잡았지만 많은 이점에도 불구하고 혼인관계의 법과 법적 형태를 무시하는 데 따르는 불편함을 강요하는 이 성생활 장치의 확산과 영향으로부터 보호받을 수단이 아마 근친상간의 금지에서 발견되었을 것이기 때문이다. 모든 사회가 어떤 것이건, 따라서 우리 사회가 이 규칙 중의 규칙을 따르게 되어 있다는 단언은 가족 공간의 정서적 강화를 비롯하여 기이한 결과가 다루어지기 시작한 그러한 성생활의 장치가 광범위하고 유구한 혼인관계의 제도에서 벗어날 수 없으리라는 보증이었다. 그렇게 되면 법은 새로운 권력의 메커니즘에서도 무사할 것이다. 실제로 이것이 18세기부터 법과 무관한 그토록 많은 권력의 기술을 고안한 사회의 역설이다. 이와 같은 사회는 이 기술이 급증할까 봐 두려워하고 이 기술로 인해 초래될 결과를 염려하여 이것을 법의 형태로 코드화하려고 시도한다. 모든 문화의 문턱은 근친상간의 금지라는 것을 누구나 인정한다면, 성생활은 아득한 옛날부터 법과 권력의 영향 아래 놓여 있는 것이 된다. 민족학은 오래전부터 끊임없이 근친상간의 금지에 관한 통通문화5 이론을 고안함으로써, 근대적 성생활의 장치 전체와 이것

---

5   * (théorie) transculturelle. 이 형용사에서 trans-라는 접두사는 "…을 넘어"라는

이 생산하는 이론적 담론에 크게 공헌했다.

17세기부터 일어난 것을 다음과 같이 해석할 수 있다. 성생활의 장치는 가족제도의 주변부에서(영성 지도, 교육학에서) 우선적으로 전개된 것이지만 점차 가족으로 몰려들게 된다. 성생활의 장치에 포함될 수 있었던 생소하고 완강하고 혼인관계의 장치에 대해 위험할 수 있는 것이 가족에 의해, 즉 개편되고 아마 더 긴밀해졌을 것이고 혼인관계의 장치에서 발휘한 옛 기능과 관련하여 확실히 강화된 가족에 의해 다시 고려되는데, 이 위험에 대한 의식은 고해신부들의 무분별을 겨냥한 그토록 빈번한 비판과 좀더 나중에 사적이거나 공적인, 제도적이거나 가족적인 아동 교육에 관한 모든 논의에서 나타난다. **6** 가정에서 부모와 부부는 성생활 장치의 주요한 주동자가 되는데, 이 장치는 외부적으로는 의사, 교육자, 나중에는 정신과 전문의에 기대고, 내부적으로는 혼인관계를 이중화하여 오래지 않아 "심리학"이나 "정신의학"으로 끌어들인다. 이렇게 되어 신경질적인 여자, 불감증의 아내, 무관심하거나 살해의 망상에 사로잡힌 어머니, 성적으로 불능이고 사디스트이며 성도착자性倒錯者인 남편, 히스테리 또는 신경쇠약에 걸린 딸, 조숙하고 이미 정력을 탕진한 소년, 결혼을 거부하거나 여자를 무시하는 젊은 동성애자 등 새로운 인물들이 출현한다. 그들은 정도를 벗어난 혼인관계와 비정상적 성생활이 혼합된 인물이고, 비정상적 성

뜻이라기보다는 "…을 가로질러"라는 의미이다.

6 몰리에르의 《타르튀프》와 렌츠(Lenz)의 《가정교사》는 한 세기 이상의 시간적 간격이 있지만 둘 다 성생활의 장치가 가족의 장치에 간섭하는 현상을 표현하는데, 전자는 영성 지도의 사례를 대상으로 하고 후자는 교육의 사례를 대상으로 한다.

생활의 혼란을 탈선한 혼인관계의 영역으로 옮기며, 따라서 성생활의 영역에서 혼인관계의 제도가 권리를 행사하게 되는 계기이다. 그때 가족으로부터 끊임없는 요구가 생겨나는데, 그것은 가족이 성생활과 혼인관계의 그 불행한 상호작용을 해결하도록 도와야 한다는 것이고, 가족은 외부로부터 가족을 에워싸고 가족의 근대적 형태를 공고히 하는 데 기여한 성생활의 장치 때문에 덫에 걸려 꼼짝 못하게 된 상태에서 의사, 교육자, 정신의학자, 또한 신부와 목사에게, 모든 있음직한 "전문가"에게 성적으로 고통을 겪고 있다는 긴 하소연을 늘어놓는다. 마치 가족에 주입되고 누구나 가족에 대해 끊임없이 암시한 것의 가공할 비밀을 가족이 불현듯 발견하기라도 한 듯이 모든 일이 진행된다. 기본적인 혼인관계의 궤7인 가족은 성의 모든 불운을 내포하는 씨앗이었다. 이제 가족은 적어도 19세기 중엽부터는 스스로 성생활의 흔적을 사소한 것 하나까지 추적하고, 더없이 곤란한 고백을 집요하게 끌어내고, 성생활에 정통할지 모르는 모든 사람에게 청취를 간청하고, 모든 것을 한없는 검증에 거리낌 없이 내맡긴다. 성생활의 장치에서 가족은 수정水晶이다. 다시 말해서 가족은 성생활을 확산시키는 듯하나 사실은 성생활이 가족에 의해 반영되고 회절回折한다. 가족은 자체의 투과성透過性과 외부 쪽으로의 이 회부回附 작용 때문에 이 장치에 대해 가장 귀중한 전술적 요소들 중의 하나이다.

---

7   * arche fondamental de l'alliance 성경에 나오는 '언약의 궤'를 연상시키는 표현이다. 결혼에 의해 발생하는 법적 관계라는 의미에서 '혼인관계'로 옮긴 프랑스어 낱말 alliance에는 동맹이라는 의미뿐 아니라 '여호와와 선민 사이의 계약' 또는 '언약'의 의미도 있다.

그렇다고 해서 긴장이나 문제가 없었던 것은 아니다. 이 경우에도 샤르코는 아마 중심인물일 것이다. 여러 해 동안 그는 성생활로 포화된 가족이 중재와 치료를 부탁하려고 찾아가는 가장 저명한 사람이었다. 도처에서 자녀를 데리고 오는 부모, 아내를 동반하는 남편, 남편을 인도하는 아내를 맞아들이는 그가 최초의 진료 조치로 생각한 것은 "환자"를 가족으로부터 격리하고 환자를 더 잘 관찰하기 위해 가능한 한 가족의 말에 귀를 기울이지 않는 것이었는데, 그는 흔히 제자들에게도 이러한 조치를 권장했다.[8] 그는 성생활의 영역을 혼인관계의 제도에서 떼어내서는 신경학적 모델에 의해 전문성과 자율성이 보장되는 의학적 방법으로 직접 취급하려고 했다. 이처럼 의학은 가족에 대해 불가결한 책무와 주요한 위험에 유의하듯 성생활에 관심을 기울이라고 부추김으로써 성생활을 인수하여 전문 지식의 규칙에 따라 검토하기에 이르렀다. 그리고 샤르코는 가족이 환자를 데려왔으면서도 얼마나 힘들게 환자를 의사에게 "넘겨주었고" 환자가 격리되어 있는 요양원을 어떻게 포위했으며 어떻게 의사의 작업을 끊임없이 간섭하고

---

8 Charcot, *Leçon du Mardi.*

  1888년 1월 7일. "히스테리증의 소녀를 올바르게 다루려면, 그녀를 부모와 함께 있도록 해서는 안 되며, 그녀를 요양소에 두어야 한다. … 훌륭한 가정교육을 받은 젊은 처녀가 어머니와 헤어져서 얼마 동안이나 눈물을 흘리는지 여러분은 알고 있는가? … 원한다면 평균치를 말하겠는데, 약 30분이다. 길다고는 할 수 없다."

  1888년 2월 21일. "어린 소년의 히스테리를 다루게 될 경우에 해야 할 것은 그들을 어머니로부터 떼어놓는 일이다. 어머니와 함께 있는 한 손을 쓸 수가 없다. … 때때로 아버지도 어머니만큼 견딜 수 없을 정도로 방해가 된다. 따라서 둘 다 그들로부터 격리하는 것이 최선의 방책이다."

방해했는가를 여러 차례 적어 놓는다. 그렇지만 가족은 불안해 할 필요가 없었다. 정신치료 전문의가 개입하는 것은 가족을 위해 개인을 성적으로 가족제도에 통합할 수 있게 만들기 위해서였고, 이 과정에서 성적 육체는 개입의 대상이면서도 명백한 담론으로 표명되는 것이 허용되지 않았다. 그런 "성적 원인"에 관해 말해서는 안 된다. 이것은 1886년 어느 날 샤르코의 입으로부터 우리 시대의 가장 유명한 귀[9]에 포착되어 낮은 목소리로 말해진 문장이었다.

　정신분석은 이 작용의 공간에 자리 잡게 되었으면서도, 불안과 안심의 체제를 상당히 변모시켰다. 정신분석은 샤르코의 가르침을 극단까지 밀어붙이면서 가족의 통제 밖에서 개인의 성생활을 속속들이 검토하고자 했으므로 명백히 불신과 적의를 처음부터 불러일으키게 되어 있었다. 정신분석은 이 성생활 자체를 신경학적 모델로 덮어버리지 않고 명백하게 드러냈으며, 심지어 성생활의 분석을 통해 가족관계를 문제 삼기도 했다. 그러나 정신분석은 기술적으로 성생활의 고백을 가족의 절대적 지배가 미치지 않는 곳에 위치시키는 듯함에도 불구하고, 이 성생활의 중심 자체에서 혼인관계의 법, 혼례와 친족관계가 뒤섞인 상호작용, 근친상간을 가족 형성의 원리와 가족에 대한 이해 가능성의 표지로 발견했다. 성생활의 밑바닥에서 각자가 부모-자식 관계를 찾아낼 수 있다는 보증은 모든 것이 역방향의 과정을 보여주는 듯한 순간에 혼인관계의 제도에 성생활의 장치가 고정되는 현상

9　* 프로이트를 가리킬 것이다. 그는 1885~1886년의 약 5개월 동안 샤르코 밑에서 수학했다.

을 뒷받침했다. 성생활이 본래 법과 무관한 것으로 보일 위험은 없었다. 왜냐하면 성생활이 법에 의해서만 구성되었을 뿐이기 때문이다. 부모들이여, 두려워하지 말고 자식에게 정신분석을 받게 하라. 자식이 사랑하는 것은 어쨌든 그대들이라는 것을 정신분석은 자식에게 알려줄 것이다. 자식들이여, 고아가 아니라고 해서, 그대들의 마음속 깊은 곳에서 언제나 어머니-대상 또는 아버지의 지고至高한 모습을 발견한다고 해서 너무 비통해 하지 말라. 너희들이 욕망에 이르는 것은 바로 어머니-대상이나 아버지의 지고한 모습을 통해서이다. 혼인관계의 장치와 가족제도를 강화해야 했던 사회에서 그토록 오랜 망설임이 있고 나서 분석이 막대하게 소비되는 현상은 이로부터 유래한다. 실제로 이 현상은 바로 성생활 장치의 역사 전체에서 기본 사항들 중의 하나이다. 성생활의 장치는 혼인관계의 제도와 정통 기독교를 지배하는 규범에 기댐으로써 정통 기독교에서 활용된 "육신"의 기술과 함께 탄생했지만, 오늘날에는 역할이 뒤바뀌어, 오래된 혼인관계의 장치를 지속시키는 경향이 있는 것은 바로 성생활의 장치이다. 영성靈性 지도에서 정신분석까지 혼인관계의 장치와 성생활의 장치는 역사가 300년 이상인 느린 과정에 따라 번갈아 가면서 위치를 바꾸었고, 기독교 교서에서 혼인관계의 법은 발견되고 있는 그러한 육신을 코드화했고 여전히 법적인 골격骨格을 처음부터 육신에 부과했다. 정신분석에 힘입어, 혼인관계의 규범을 욕망으로 가득 채움으로써 혼인관계의 규범에 육체와 생명을 부여하는 것은 바로 성생활이다.

그러므로 이 책에 이어질 연구서들에서 분석될 영역은 이 성생활의 장치이다. 다시 말해서 기독교적 육신으로부터 성생활의 장치가 형성되는 과정이자, 19세기에 전개된 4가지 주요한 전략, 즉 어린이에 대한 성적 특성의 부여, 여성의 히스테리화, 성도착자들의 범주별 명시, 인구의 조절을 가로질러, 금지의 효력이었던 것이 아니라 성적 특성의 부여를 초래하는 중대한 요인이었음을 분명히 알아차릴 필요가 있는 가족을 거쳐 가는 이 모든 전략을 가로질러 성생활의 장치가 확장되는 과정이다.

첫 번째 계기는 "노동력"(따라서 에너지 낭비로 인해 쓸데없이 "소비되는" 힘이 아니라 노동 쪽으로만 향하는 모든 힘)을 구성하고 노동력의 재생산(부부생활, 많은 자식의 규칙적 출산)을 보장할 필요성에 상응할지 모른다. 두 번째 계기는 임금 노동의 착취가 19세기의 경우와 동일하게 폭력적이고 물리적인 속박을 요구하지도 않고 육체에 관한 정책이 더 이상 성을 드러내지 않아야 한다거나 성의 역할을 생식에만 한정해야 한다고 요구하지도 않는 '후기자본주의'[10]시대와 상응할지 모르는데, 그 시기에는 오히려 성이 경제의 통제된 유통경로로 다양하게 들어서는 현상, 즉 이른바 초超억압적 탈脫승화[11]가 일어난다.

그렇지만 성에 관한 정책이 대체로 금기의 법을 이용하지 않고 기술적 도구를 사용한다면, 성에 관한 정책이 성의 억압이라기보다는 오

10　* 원본에는 'Spätkapitalismus'라는 독일어로 나와 있다.

11　* désublimation sur-répressive. 정신분석의 관점에서 승화는 억압된 리비도 에너지가 사회적으로 가치 있는 활동, 흔히 예술 활동으로 이어지는 현상을 뜻하므로, 여기에서 '초억압적 탈승화'는 이 에너지가 억압에 의해 다른 영역으로 투자되지 않고 억압을 넘어 성적으로 해소되는 현상을 의미할 것인데, 이 대목에서는 정신분석에 대한 푸코의 의심 또는 반박이 엿보인다.

히려 "성생활"을 새로 만들어내는 것이라면, 이와 같은 시기 구분은
폐기해야 하고, "노동력"의 문제는 다르게 분석해야 하며, 성생활이
경제적 이유 때문에 억압된다는 주제를 뒷받침하는 막연한 에너지론
도 아마 단념해야 할 것이다.

4

시대 구분

억압의 메커니즘을 성생활의 중심에 놓고자 한다면, 성의 역사는 두 가지 단절을 전제로 한다. 하나는 17세기 동안에 일어난다. 즉 주요한 금지의 출현, 결혼한 성인의 성생활만이 중시되는 경향, 품위에 대한 절대적 요청, 육체에 대한 회피의 의무, 침묵의 강요와 절대적으로 조심스러운 언어의 사용이고, 다른 하나는 20세기에 일어나는데, 이것은 다른 관점에서 보면 단절이라기보다는 곡선의 굴절이다. 즉, 이것은 억압의 메커니즘이 이완되기 시작했을 계기인데, 이 계기로 인해 급박한 성적 금기가 모습을 감추었을지 모르고, 혼전婚前 또는 혼외婚外 관계는 상대적 관용의 대상이 되었을지 모르고, "성도착자들"의 자격 박탈이 완화되었을지 모르고, 법에 의한 그들의 단죄가 부분적으로 사라졌을지 모르고, 어린이의 성생활을 짓누르는 타부가 상당 부분 제거되었을지 모른다.

이 방법들, 즉 고안, 수단의 급격한 변화, 잔류 효과의 역사를 추적해볼 필요가 있다. 게다가 이것들이 활용된 시기의 일람표, 이것들의 확산과 이것들에 의해 유발되는(복종 또는 저항) 효과의 역사도 있다. 이와 같은 다양한 연대 추정은 아마 통상적으로 17~19세기 사이로 설정되는 긴 억압의 주기와는 일치하지 않을 것이다.

1. 기술 자체의 역사는 멀리 거슬러 올라간다. 기술의 형성 시점을 중세 기독교의 고해성사에서, 더 정확하게는 라테라노 공의회에 의해 모든 신도에게 강요된 철저하게 의무적이고 주기적인 고백에 의해, 그리고 14세기부터 특히 집중적으로 전개된 금욕, 심령 수업, 신비주의라는 방법에 의해 구성된 이중의 계열에서 모색할 필요가 있다. 우선 종교개혁, 다음으로 트리엔트 공의회의 가톨릭교회는 "전통적 육신의 기술"이라 불릴 수 있을 것에서 일어난 중요한 변화와 분열의 표시이다. 깊이가 무시되어서는 안 되는 분열, 그렇다고 해서 자기 성찰과 사제에 의한 영성 지도의 가톨릭적 방법과 개신교적 방법 사이에서 찾아볼 수 있는 어떤 유사성은 배제되지 않는다. 즉, 어느 쪽에서나 "정욕"에 관한 분석 및 담론화의 방법이 다양하고 섬세한 방식으로 결정된다. 풍부하고 세련된 기술이 16세기부터 오랜 이론의 고안을 가로질러 확대되고, 18세기 말에 한편으로는 알폰소 데 리구오리의 완화된 엄격주의와 다른 한편으로는 웨슬리[1]의 교육학을 상징할 수 있는

1   * John Wesley (1703~1791). 영국의 신학자 겸 성공회 사제로서, 영국 국교의 허례와 부패에 항거하여 동생 찰스와 함께 감리교를 창시하는데, 그들이 벌인 운동

의례적 표현들로 굳어진다.

그런데 이 동일한 18세기 말에 앞으로 명확히 해야 할 몇 가지 이유로 인해 완전히 새로운 성의 기술이 출현했는데, 여기에서 새롭다고 하는 이유는 그것이 죄의 주제와는 실질적으로 무관한 까닭에 대체로 성직자 제도에서 벗어났다는 점에 있다. 이 새로운 기술로 인해 성性은 교육학, 의학, 경제를 매개로 하여 세속 차원의 문제뿐만 아니라 국가 차원의 문제, 더 분명히 말하자면 사회체 전체와 거의 모든 개인이 감시당하는 처지로 전락하는 사태가 되었다. 이 기술은 또한 3가지 축, 즉 어린이의 특수한 성을 겨냥하는 교육학의 축, 여성에 고유한 성적 생리를 겨냥하는 의학의 축, 끝으로 자연발생적이거나 계획된 출산 조절이 목적인 인구통계학의 축을 따라 전개되었으므로 새로운 것이다. 가령 "청춘의 죄", "신경질환", (나중에 "해로운 비밀"로 불리게 되듯이) "생식에 대한 부정행위"는 이 새로운 기술의 3가지 특권적 영역을 가리킨다. 아마 이 지점들 각각의 관점에서일 터인데, 이 기술은 기독교에 의해 이미 형성된 방법들을 어느 정도 단순화하면서 다시 채택한다. 가령 어린이의 성생활은 기독교의 영성 교육학에서 이미 문제로 의식되었고(《몰리티에스》2라는 최초의 죄악론이 15세기에 교육자 겸 신비주의자인 제르송3에 의해 쓰여졌고 18세기에 데커에 의해 편찬된 《오나니아》4라는 집록集錄이 영국 성공회의 교서에 의해 확립된 본보기를

의 목적은 종교개혁의 원천으로 되돌아가는 것이다.

2 * *Mollities.* 나약함, 성격의 유약함, 의지박약 등을 의미하는 라틴어.

3 * Jean Charlier Gerson (1363~1429). 프랑스의 철학자 겸 신학자.

4 * *Onania.* '자위'라는 의미의 라틴어.

글자 그대로 답습한다는 것은 예사로운 현상이 아니다), 18세기에 신경과 독기毒氣의 의학은 영성 지도와 자기 성찰이라는 그토록 "무모한" 관행으로 인해 악마에 들리는 현상이 심각한 위기를 조장했을 때 이미 주목을 받은 분석의 영역을 이어받으며(신경질환은 확실히 악마들림의 진상이 아니지만, 히스테리의 의학은 "악마에 사로잡힌 여자"에 대한 예로부터의 영성 지도와 관계가 없지 않다), 출생률에 관한 캠페인은 기독교의 고해성사에 의해 그토록 집요하게 검증이 계속된 부부관계의 통제를 다른 형태와 다른 층위로 옮겨놓는다. 연속성이 분명히 눈에 띈다. 그렇지만 근본적인 변화가 이로 인해 가로막히지는 않는다. 즉, 대체로 그 시기부터 의료제도, 정상성의 요구, 그리고 죽음과 영원한 징벌의 문제보다는 오히려 생명과 질병의 문제가 성의 기술에서 중심을 차지하게 된다. "육신"에서 유기체 쪽으로 급선회가 일어난 것이다.

이와 같은 급격한 변동은 18세기가 끝나고 19세기가 시작되는 전환기의 현상으로서 다른 많은 변화를 촉발시켰다. 이 변동에서 파생하는 다른 많은 변화의 하나로, 우선 성性의 의학이 일반적인 신체의 의학으로부터 떨어져 나왔고, 그러고는 생체의 변질이 일어나지 않는데도 선천적 비정상, 후천적 이상異常, 신체장애 또는 병적인 과정을 내보일지 모르는 성적 "본능"이 따로 분리되었다. 1846년에 간행된 하인리히 카안의 《프시코파티아 섹수알리스》는 지표의 구실을 할 수 있다. 육체에 대한 성의 상대적 자율화, 성을 전문적으로 진료할 의학 및 "정형술"의 상관적 출현, 한마디로 방탕이나 무절제의 낡은 도덕적 범주를 대체하게 되는 "성도착"이라는 광범위한 의학-심리학 영역의 열림이 바로 그 몇 년간의 시기에 일어났다. 동일한 시기에 유전의 분석은 성(성교, 성병, 부부의 결합, 성도착)을 種으로서의 인류에 대해 "생물학적으로 책임"이 있는 위치에 올려놓았다. 즉, 성은 질병에 걸릴 수 있을 뿐만 아니라, 충분히 통제하지 않으면 질병을 옮기거나 미래의 세대를 괴롭힐 다른 질병을 일으킬 수 있는 것이었다. 그렇게 되어 인간 種의 온전한 병리학적 자본의 원천에 성이 출현한 것이다. 결혼, 출산, 생존의 국가적 관리를 조직화하려는 의학적일 뿐만 아니라 정치적인 기획은 이로부터 유래하는데, 이에 따라 성과 성의 생식능력은 행정적으로 관리해야 한다. 성의 기술에서 성도착의 의학과 우생학優生學의 계획은 19세기 후반기의 두 가지 중요한 혁신적 조처였다.

이 혁신적 조처들은 서로 쉽게 맞물렸는데, 실제로 유전적 "퇴화"[5]의 이론이 끊임없이 이 조처들을 서로 맺어주었다. 이 이론은 생체적이건 기능적이건 정신적이건 상관없이 다양한 질병을 초래하는 유전적 특성이 어떻게 성도착자를 낳기에 이르는가를 설명해주었고(노출狂露出狂이나 동성애자의 가계家系를 살펴보라, 그러면 반신불수의 조상, 폐병에 걸린 부모, 또는 노인성 치매에 걸린 삼촌을 발견할 것이다), 또한 어떻게 성적 도착倒錯이 자손의 고갈, 가령 자식의 구루병, 미래 세대의 생식불능을 초래하는가도 설명해주었다. 도착-유전-퇴화의 연쇄는 확실히 새로운 성의 기술을 위한 핵이었다. 이 연쇄에 대해 그저 과

---

5 dégénérescence. 유전이 지배적인 역할을 한다고 하는 인간의 점진적 악화를 뜻한다. 프랑스 정신의학자 Bénédict Augustir Moret(1809~1873)에 의해 처음으로 확립된 이 이론에 의하면 유전으로 인한 '퇴화'가 정신병의 원인이다. 이 이론은 1차 세계대전이 일어나기 전까지 정신의학을 지배했다. 그 이후로는 주변적인 것이 되었지만 유전의 문제를 건드린 덕분으로 다시 주목을 받고 있다.

학적으로 불충분하고 지나치게 교훈적인 이론일 뿐이었다고 생각하지 않도록 하자. 이 연쇄는 확산면擴散面이 넓고 뿌리가 깊었다. 정신의학뿐만 아니라 법률학, 법의학, 사회적 통제의 심급들, 위험하거나 위험에 처해 있는 어린이의 감시는 오랫동안 "퇴화에 역점을 두고" 유전-도착 체계에 의거하여 이루어졌다. 국가 차원의 인종차별이라는 극단적이고 동시에 집요한 형태로 표출된 하나의 온전한 사회적 동향이 이 새로운 성의 기술에 가공할 잠재력과 광범위한 효과를 가져다주었다.

그리고 19세기 말에 탄생하는 정신분석이 광범위한 유전적 퇴화의 이론체계와 단절했다는 사실을 알아차리지 못한다면 정신분석의 특이한 입장은 잘 이해되지 않을 것이다. 정신분석은 성적 본능에 고유한 의학 기술의 기획을 답습했으면서도, 이 기획에서 유전과의 상관관계, 따라서 모든 인종차별 및 우생학과의 상관관계를 일소하고자 했다. 이제는 프로이트에게 있었을지 모르는 규범화 의지를 재론할 수도 있고, 또한 여러 해 전부터 정신분석의 제도에 의해 수행된 역할을 비난할 수도 있지만, 기독교적 서양의 역사에서 그토록 멀리까지 거슬러 올라가는 그 광범위한 계열의 기술 중에서, 그리고 19세기에 성의 의학화醫學化를 시도한 기술에서 정신분석은 1940년대까지 도착-유전-퇴화 체계의 정치적이고 제도적인 결과와 전적으로 대립하는 것이었다.

알다시피 급격하게 변화하고 자리를 바꾸고 연속성뿐만 아니라 단절도 내보이는 이 모든 기술의 계보학系譜學은 고전주의 시대에 시작되어 20세기에 서서히 닫히는 중인 광범위한 억압의 과정이라는 가설과 일치하지 않는다. 오히려 이 확산의 역사에서 특히 풍요로운 두 계기에 의해, 즉 16세기 중엽에 자기 성찰 및 영성 지도 절차가 발전하고 19세기 초에 의학 기술이 출현하면서 창의력이 끊임없이 발휘되었고 방법과 수단이 줄곧 급증했다.

2. 그러나 이것은 기술 자체의 연대 결정에 불과할 듯하다. 기술의 확산과 적용 지점에 관한 역사는 기술 자체의 역사와 다른 것이었다. 억압의 견지에서 성의 역사를 쓴다면, 그리고 이 억압의 근거를 노동력의 활용에서 찾는다면, 성생활의 통제는 가난한 계층을 겨냥했기 때문에 그만큼 더 격심할 뿐만 아니라 그만큼 더 면밀한 것이었다고 전제할 필요가 있을 것이고, 가장 강력한 지배와 가장 체계적인 착취의 노선을 따라 이 통제가 실행되었다고 생각해야 할 것이다. 가령 살아가는 데 필요한 것으로 체력만을 지니고 있을 뿐인 젊은 성인 남자는 이용 가능한 에너지를 무익한 쾌락에서 강제적 노동으로 옮겨놓기 위한 예속화 작업의 첫 번째 표적이었을지 모른다. 그런데 실상은 그렇지 않은 것으로 보인다. 반대로 무엇보다 먼저 경제적 특권층이자 정치적 지도층인 계급을 대상으로 가장 엄밀한 기술이 고안되어 가장 강도 높게 적용되었다. 영성 지도, 자기 성찰, 육신의 죄에 대한 오랜 구상, 정욕情慾의 빈틈없는 탐지, 요컨대 한정된 집단 이외에는 좀처럼 접근할 수 없는 그만큼 많은 치밀한 방식이 생겨났다. 알폰소 데 리구오리의 고해 방법, 웨슬리가 감리교도들에게 제안한 규칙은 엄격한 기술의 더 광범위한 확산을 보장한 것이 사실이지만, 여기에는 상당한 단순화가 대가로 치러졌다. 통제의 심급審級 겸 성생활 포화의 지점으로 떠오른 가족에 대해서도 똑같은 말을 할 수 있을지 모른다. 어린이나 청소년의 성생활을 우선 문제로 의식한 것도, 여성의 성생활

을 의학의 영역으로 편입한 것도, 성의 병리학을 확립할 가능성, 긴급한 감시의 필요성, 합리적 교정의 기술을 고안해낼 필요에 맨 먼저 눈을 뜬 것도 "부르주아" 또는 "귀족" 가족이다. 부르주아나 귀족 가족은 성이 정신의학의 영역으로 편입되는 현장이었다. 가장 먼저 부르주아 또는 귀족 가족이 공포를 느끼고 방책을 찾아내고 정교한 기술에 호소하고 무수한 담론을 쏟아내고 또 되풀이하면서 성적 과민증으로 빠져들었다. 부르주아지는 자기 계급의 성을 중요한 것, 깨지기 쉬운 보물, 인식해야 할 불가결한 비밀로 간주하는 것으로 시작했다. 성생활의 장치에 의해 맨 먼저 에워싸인 인물, "성적 특성이 부여된" 최초의 인물들 가운데 하나는 "한가한" 여자였다는 것을 잊어서는 안 되는데, 한가한 여자는 "사교계"에서 언제나 가치 있는 존재였던 것이 틀림없고, 가정에서는 아내 겸 어머니로서의 의무를 새로운 몫으로 할당받았다. 그렇게 되어 "신경질적인" 여자, "히스테리"에 걸린 여자가 출현했고, 여성이 히스테리적 존재로 정착하는 지점은 바로 사교계와 가정의 경계였다. 은밀한 쾌락에 빠져 다가올 앞날을 위해 남겨놓아야 할 기력까지 탕진하는 청소년, 18세기 말부터 19세기 말까지 의사들과 교육자들이 그토록 신경을 쓴, 습관적으로 수음하는 어린이로 말하자면, 그들은 서민층의 어린이나 육체의 규율6을 배워야 했을 미래의 노동자가 아니라, 하인과 가정교사와 가정부에 둘러싸여 있고 육체의 힘보다는 지적知的 역량, 도덕적 의무, 그리고 자신의 가족과 계

---

6 * discipline. 일반적으로 집단이나 단체의 구성원들에게 공통적으로 요구되는 행동의 규칙이라는 의미이다.

급을 위해 건강한 자손으로 가계를 이어야 할 의무를 위태롭게 할 우려가 있는 중학생이나 어린이였다.

이와 대조적으로 서민층은 오랫동안 "성생활"의 장치와 무관했다. 물론 서민층은 매우 특별한 양태에 따라 "혼인관계"의 장치, 즉 합법적 결혼과 생식능력의 중시重視, 근친혼近親婚의 배제, 사회적이고 국지적인 동족결혼의 규정을 준수했다. 반면에 기독교적 육신의 기술이 일찍이 서민층에서 커다란 중요성을 띠었다고 보기는 어렵다. 성적 특성 부여의 메커니즘으로 말하자면 이것은 서민층으로, 아마 연속적인 3단계에 걸쳐서 이루어졌을 터인데, 서서히 스며들었다. 우선 출생률의 문제와 관련하여 자연을 속이는 기술은 도시인이나 방탕자의 특권이 아니라, 자연 자체에 매우 가까이 있는 만큼 틀림없이 다른 모든 이보다 더 자연에 혐오감을 느꼈을 사람들에 의해 인식되고 실행된다는 사실이 18세기 말에 밝혀졌을 때. 뒤이어 "규범에 맞는" 가족의 조직화가 1830년대를 중심으로 도시 프롤레타리아의 예속화, 즉 "빈민 계급의 선도善導"를 위한 대대적 캠페인에 불가결한 정치적 통제와 경제적 조절의 수단인 것으로 보였을 때. 끝으로 19세기 말에 성도착의 사법적이고 의학적인 통제가 사회와 종족의 전반적 보호를 명분으로 전개되었을 때. 그때 특권 계급을 위해, 특권 계급에 의해 가장 복잡하고 가장 강렬한 형태로 고안된 "성생활"의 장치가 사회체 전체로 확산되었다고 누구나 말할 수 있다. 그러나 성생활의 장치는 도처에서 동일한 형태를 띠지도, 도처에서 동일한 수단을 활용하지도 않았다(의학적 심급과 사법적 심급 각각의 역할은 여기저기에서 동일한 것이 아니었고, 성생활의 의학이 작동한 방식도 마찬가지였다).

다

기술의 고안이건 기술이 확산되는 과정이건 이러한 역사의 환기喚起는 중요성을 갖는다. 이에 비추어볼 때, 시작과 끝이 있고, 굴절 지점들을 연결하면 적어도 곡선을 그리는 억압의 주기라는 관념은 매우 의심스러운 것이 된다. 다시 말해서 성생활에 대한 제약의 시대는 필시 없었을 것이고 사회의 모든 차원과 모든 계급에서 이 과정이 동질적이었다는 주장도 결코 확실한 것이 아니다. 왜냐하면 단일한 성생활 정책은 결코 존재하지 않았기 때문이다. 특히 의심스러운 것은 이 과정의 방향과 존재이유이다. 즉, 성생활의 장치가 이른바 전통적 "지도층"에 의해 자리를 잡은 것은 결코 타인의 쾌락을 제한하는 원리로서가 아닌 듯하다. 오히려 지도층은 우선 자기 계급을 대상으로 이 장치를 시험한 것으로 보인다. 종교개혁, 새로운 노동윤리, 자본주의의 비약적 발전에 관해 그토록 자주 내세워진 부르주아 금욕주의의 새로운 변형일까? 거기에서 중요한 것은 금욕주의, 어쨌든 쾌락의 포기나 육신의 폄하가 아니라 반대로 육체의 강화, 건강과 건강의 작용 조건을 문제로 의식하는 경향인 것이 분명하며, 생명을 최대화하기 위한 새로운 기술이다. 피착취 계급의 성에 대한 억압보다는 오히려 "지배" 계급의 육체, 활기, 수명壽命, 자손, 가계가 먼저 문제되었다. 성생활의 장치가 처음으로 쾌락, 담론, 진실, 권력의 새로운 배치로서 확립된 것은 바로 지배 계급에서였다. 따라서 또 다른 계급의 노예화보다는 오히려 어느 한 계급의 자기확인, 즉 나중에 갖가지 변화를 대가로 치르고 경제적 통제와 정치적 예속화의 수단으로서 다른 계급으로 확장된 방어, 보호, 강화, 고양高揚을 추정해볼 필요가 있다. 부르주아지는 스스로 창안한 권력과 지식의 기술에 의해 자기 계급의 성性을 이처럼 에워쌈으로써, 자기 계급의 육체, 감각, 쾌락, 건강, 존속存續의 높은 정치적 가치를 내세운 것이다. 그 모든 절차에 있을지 모르는 제한, 부끄러워하거나 회피하는 태도 또는 침묵을 따로 떼어내 다룸으로써 그 모든 절차를 어떤 본질적 금기나 억압 또는 죽음의 본능과 관련시키지 않도록 하자. 타자의 노예화가 아니라 자기확인을 통해 구성된 것은 바로 생명의 정치적 배치이다. 그리고 18세기에 패권을 차지한 부르주아 계급은 육체가 생식이라는 유일한 목적에서 벗어나자마자 무익하고 낭비를 초래하는 위험한 성을 육체로부터 들어내야 한다고 생각하기는커녕, 반대로 돌보고 보호하고 가꾸고 모든 위험과 접촉으로부터 지키고 차별화의 가치를 간직하도록 다른 계급으로부터 떼어놓아야 할 육체를, 그것도 여러 수단 중에서 특히 성의 기술에 기대어 스스로에게 부여했다고 말할 수 있다.

성性은 부르주아지가 피지배계급에게 노동을 강요하기 위해 낮게 평가하거나 무가치한 것으로 만들어야 했을 육체의 그 부위가 아니다. 성은 다른 모든 것보다 더 부르주아지를 불안하게 만들었고 근심에 싸이게 했고 부르주아지의 관심을 불러일으키고 모았으며 부르주아지가 공포, 호기심, 희열, 열정의 혼합된 감정으로 가꾼 부르주아지 자신의 요소이다. 부르주아지는 불가사의하고 막연한 권력이 자신의 육체에 있다고 여김으로써, 자신의 육체를 성과 동일시했거나 적어도 성에 종속시켰고, 자기 미래의 번영이 성에 달려 있다고 생각하면서 자신의 존속과 소멸을 성에 긴밀히 연관시켰고, 성이 후손에게 영향을 미치지 않을 리 없다고 추정하여 자신의 미래를 성에 투자했고, 영혼의 가장 비밀스럽고 가장 결정적인 요소는 바로 성이라고 주장함으로써 자신의 영혼을 성에 예속시켰다. 성을 소유하고 사용할 권리가 다른 계급으로 넘어가지 않도록 부르주아지가 스스로를 상징적으로 거세했다고 상상하지 말자. 오히려 부르주아지는 18세기 중엽부터 자기 자신에게 특정한 성생활을 부과하고 이 성생활로부터 특수한 육체, 즉 건강, 위생, 자손, 종족을 담보할 "계급의" 육체를 만들어 가는 데 몰두한다는 것, 즉 부르주아 육체가 스스로 성적 특성을 부여받는 현상, 성이 부르주아지의 깨끗한 육체 안으로 강생降生하는 현상, 성과 육체의 동족결혼을 알아차려야 한다. 여기에는 아마 여러 가지 이유가 있었을 것이다.

우선 부르주아지는 여러 형태 중에서도 귀족 계급이 카스트로서의 기품을 내보이고 유지하기 위해 활용한 방식을 따라한다. 실제로 귀족 계급 또한 자기 육체의 특수성을 단언했다. 그러나 이 단언은 '피', 다시 말해서 조상의 오랜 전통과 훌륭한 혼인관계의 표명인 반면, 부르주아지는 스스로에게 육체를 부여하기 위해 자손과 인체의 건강 쪽으로 눈을 돌렸다. 부르주아지의 "피"는 성이었다. 이것은 말장난이 아닌데, 귀족의 카스트적 방식에 고유한 많은 주제가 19세기의 부르주아지에게서, 그러나 생물학이나 의학 또는 우생학에 의거한 권고의 형태로 재발견되고, 가계와 관련된 근심은 유전에 대한 관심이 되었고, 결혼할 때 경제적 요청과 사회적 동질성의 원칙 그리고 유산의 약속뿐만 아니라 유전의 위험도 고려되었고, 가족은 일종의 전도되고 침울한 문장紋章을 지녔고 또 그것을 감추었으며, 이 문장의 불명예스러운 4분의 17은 일족一族의 질병 또는 결함, 가령 할아버지의 전신마비, 어머니의 신경쇠약, 여동생의 폐병, 히스테리 환자이거나 색정광色情狂인 친척 아주머니, 행실이 나쁜 사촌이었다. 그러나 성적 육체에 대한 이와 같은 근심에는 귀족계급의 주제들이 부르주아지의 자기확인을 위한 것으로 전환되는 현상 이상의 것이 있었다. 이러한 근심은 또 다른 기획, 즉 체력, 활력, 건강, 생명을 무한히 확장하려는 기획이기도 했다. 육체의 중시는 분명히 부르주아지의 패권이 증대하고 확립되는 과정과 깊은 관계가 있다. 그렇지만 이는 결코 노동력의 상품가치 때문이 아니라, 육체의 "도야陶冶"가 부르주아지의 현재와 미래에 대해 정치적으로, 경제적으로, 역사적으로 표상할 수 있었던 것때문이다. 부르주아지의 지배는 부분적으로 육체의 도야에 달려 있었고, 그런 만큼 경제 또는 이데올로기의 문제였을 뿐만 아니라 "인체"의 문제였다. 이 점을 확증하는 증거는 18세기 말에 육체의 위생, 장수의 비법, 건강한 자녀를 낳고 가능한 한 오래 살기 위한 방법, 인류의 후손을 개량하기 위한 방식에 관한 책이 그토록 많이 출판되었다는 사실인데, 그 책들은 가령 육체와 성에 대한 이와 같은 근심이 "인종차별"과 맺고 있는 상관관계를 보여준다. 그러나 이 인종차별은 귀족에 의해 발현되고 본질적으로 보수적 목적에 맞추어진 인종차별과는 전혀 다르다. 문제되는 것은 아직 맹아萌芽 상태로만 발견될 뿐이고 우리가 이미 맛본 결실을 맺기 위해서는 19세기 후반을 기다려야 했다할지라도, 역동적이고 동시에 팽창적인 인종차별이다.

7 　*4분된 방패 문양 중의 한 부분.

부르주아지는 육체의 폄하와 성생활의 억압을 의미하고 계급투쟁은 이 억압을 없애기 위한 투쟁을 함축한다고 믿는 사람들이 있다면 나를 용서하기 바란다. 부르주아지의 "생득 철학"8은 아마 일반적으로 이야기되는 것만큼 그렇게 관념론적이지도 거세적去勢的이지도 않을 것이고, 어쨌든 부르주아지의 우선적 근심들 가운데 하나는 스스로에게 육체와 성생활을 부여하는 것, 즉 성생활의 장치를 마련함으로써 육체의 힘, 영속성, 매우 오랜 증식을 확보하는 것이었다. 이 과정은 부르주아지가 자기 계급의 특수성과 패권을 확인하는 움직임과 깊은 관계가 있었다. 계급의식의 가장 중요한 형태들 가운데 하나는 육체의 확인이라는 것을 아마 인정할 필요가 있을 터인데, 적어도 18세기의 부르주아지에게는 이것이 사실이었고, 당시에 부르주아지는 귀족의 푸른 피를 건강한 인체와 건전한 성으로 전환시켰으며, 왜 부르주아지가 다른 계급, 즉 부르주아지에 의해 착취당하는 바로 그 계급의 육체와 성을 인정하는 데 그토록 오랫동안 망설였는가를 이제는 누구나 이해할 수 있다. 특히 19세기 전반기에 프롤레타리아에게 강요된 생활조건은 프롤레타리아의 육체와 성이 결코 배려되지 않았다는 것을 보여준다. 9 말하자면 그런 사람들이 사느냐 죽느냐는 거의 중요하지 않고, 어쨌든 그놈들은 저절로 번식한다는 것이었다. 프롤레타리아가 육체와 성생활을 부여받기 위해서는, 달리 말하자면 프롤레타리

---

8 * philosophie spontané. 그람시(A. Gramsci)의 용어로 반성 철학(*philosophie réfléchie*)과 대비된다. 어린 시절부터 갖게 되고 다른 사람의 의견을 즐겨 좇고 스스로에게 모델을 부과하는 경향이 있다.

9 K. Marx, *Le Capital*, LI, chap. x, 2, "초과노동에 굶주린 자본" 참조.

아의 건강, 성, 생식이 문제되기 위해서는 (특히 도시 공간, 가령 공동생활, 밀집된 주거환경, 오염, 1832년의 콜레라 같은 전염병, 또는 매춘과 성병과 관련된) 갈등이 필요했고, 경제적으로 긴급한 사태(유능하고 안정된 노동력을 필요로 하는 중공업의 발달, 인구의 흐름을 통제하고 인구통계학적 조절에 성공해야 할 의무)가 필요했으며, 끝으로 그들에게 마침내 인정된 그러한 육체와 성생활을 계속 감시할 수 있게 해주는 온전한 통제의 기술을 확립하는 것이 필요했다(학교, 주거정책, 공중보건, 사회보장 및 보험제도, 주민 전체를 위한 의료시설의 보급, 요컨대 전문적 행정기구 전체는 피착취 계급으로 성생활의 장치가 위험 없이 도입될 수 있게 해주었고, 따라서 부르주아지에게 성생활의 장치는 이제 부르주아지에 맞선 계급 확인의 역할을 수행할 우려가 없는 만큼 여전히 패권 유지의 수단이었다). 이 장치를 좀처럼 받아들이려 하지 않는 프롤레타리아의 망설임, 그런 성생활은 전적으로 부르주아지의 관심사이지 자신과는 관련이 없다고 말하는 프롤레타리아의 경향은 아마 이러한 전제조건 때문일 것이다.

어떤 사람들은 두 가지 대칭적 위선, 즉 자기 계급의 성생활을 부인하는 것처럼 보이는 부르주아지의 지배적인 위선과 맞은편의 이데올로기를 받아들임으로써 이번에는 자기 자신의 성생활을 축출하는 프롤레타리아의 수동적인 위선을 동시에 비난할 수 있다고 생각한다. 그러나 이는 부르주아지가 이와는 반대로 오만한 정치적 주장을 통해 스스로에게 어떤 수다스러운 성생활을 부여한 과정을 잘못 이해하는 것인데, 이 성생활이 다음 단계에서 프롤레타리아에게 예속화의 수단으로 부과된 만큼 오랫동안 프롤레타리아는 그것을 받아들이려 하지 않았다. 이 "성생활"이 복잡한 정치 기술에서 유래하는 어떤 장치에 의해 육체, 행동, 사회관계에 초래된 결과 전체라면, 이 장치는 양쪽에서 대칭적으로 작용하지 않고 따라서 동일한 효과를 낳지도 않는다는 것을 인정해야 한다. 그러므로 오래전부터 비난받아온 설명 방식으로 되돌아가서, 부르주아 성생활이 있다고, 계급별 성생활이 있다고 말해야 한다. 더 정확히 말해서 성생활은 원래 역사적으로 부르주아지의 것이라고, 연속적 이동과 전환을 통해 특수한 계급 효과를 유발한다고 단언해야 한다.

‡

한마디만 덧붙이자. 따라서 19세기 동안 성생활의 장치가 패권의 중심으로부터 일반화되었다. 극단적으로 말해서 사회체 전체가 비록 한 가지 방식으로 그리고 갖가지 도구에 의해서라 해도 "성적 육체"를 부여받았다. 성생활의 보편성? 새로운 차별화 요소가 도입되는 것은 바로 거기에서이다. 부르주아지는 18세기 말에 귀족의 용맹한 피에 대해 자기 자신의 육체와 소중한 성생활을 내세운 것과 약간 유사하게, 19세기 말에는 다른 계급의 성생활에 맞서 자기 성생활의 특수성을 재규정하고, 자기 자신의 성생활을 차이의 견지에서 재검토하고, 자기 육체를 특수화하고 보호하는 분할선을 그으려고 애쓰게 된다. 이 분할선은 이제 성생활을 새롭게 확립하는 것이 아니라 반대로 성생활을 가로막는 것이 되고, 구별을 짓게 되는 금기禁忌이거나 적어도 이 금기가 행해지는 방식과 이 금기가 부과될 때의 엄정성이다. 성생활의 장치 전체를 점차 포괄하고 일반화된 금기의 의미를 이 장치에 부여하게 되는 억압의 이론은 여기에 그 출발점이 있다. 억압의 이론은 역사적으로 성생활의 장치가 확산되는 과정과 깊은 관계가 있다. 한편으로 억압의 이론은 모든 성생활이 법을 따라야 한다는, 더 분명하게는 성생활도 법의 효력에 의해서만 성생활일 뿐이라는 원칙, 즉 여러분의 성생활을 법에 종속시켜야 할 뿐만 아니라 여러분을 법에 예속시키는 성생활만을 영위하라는 원칙을 세움으로써 이 장치의 권위적이고 강제적인 확대를 정당화하게 된다. 그러나 다른 한편으로 억압의 이론은 사회 계급에 따른 금기의 차별적 작용에 대한 분석을 통해 성생활 장치의 이 전반적 확산에 대해 균형을 맞추게 된다. 18세기 말의 담론, 즉 "우리에게는 두려워하고 관리해야 할 귀중한 요소가 있는데, 그것이 무한한 죄악을 초래하지 않기를 바란다면 우리는 그것에 깊은 관심을 기울여야 한다"는 말은 자취를 감추었고, 그 대신에 "우리의 성생활은 다른 사람들의 경우와는 달리 매우 강력한 억압체제 아래 놓여 있어서 이제부터 위험은 바로 여기에 있고, 성은 고해신부, 모랄리스트, 교육자, 의사가 이전 세대에게 끊임없이 말했듯이 위험한 비밀일 뿐만 아니라, 성의 진실을 밝혀내야 할 뿐만 아니라, 성이 그토록 많은 위험을 지니고 있는 것은 우리가 양심의 가책, 죄에 대한 너무 예민한 감각, 위선 등으로 인해 성을 너무 오랫동안 침묵의 상태에 놓아두었기 때문"이라는 말이 전면으로 부상했다. 이제 사회적 차별화는 육체의 "성적" 특성에 의해서가 아니라 육체에 대한 억압의 강도에 의해 명백히 드러나게 된다.

이 지점에서 정신분석精神分析이 끼어든다. 정신분석은 법과 욕망이 본질적으로 하나라는 이론이면서 동시에 가혹한 금기로 인해 병이 생기게 되는 곳에서 금기의 효력을 없애려는 기술이다. 정신분석은 역사적으로 출현할 때 이미 성생활의 장치와 이 장치에서 생겨난 이차적 차별화 메커니즘의 일반화로부터 분리될 수 없다. 이 관점에서 근친상간近親相姦의 문제는 여전히 의미심장하다. 한편으로 근친상간의 금지는 우리가 이미 살펴보았듯이 혼인관계의 제도와 동시에 성생활의 체제를 사유할 수 있게 하는 완전히 보편적인 원리로 상정되고, 따라서 이 금지는 어떤 형태로건 모든 사회와 모든 개인에 대해 유효하다. 그러나 실제로는 정신분석의 도움을 받고자 하는 사람들에게서 근친상간의 금지가 유발할 수 있는 억압의 효력을 제거하는 것이 정신분석의 임무이고, 정신분석은 그들로 하여금 근친상간에 대한 욕망을 담론으로 진술할 수 있게 해준다. 그런데 동일한 시대에 정신분석의 손길이 미치지 않는 농촌이나 몇몇 도회지에서 일어난 것과 같은 근친상간 행위는 철저하게 추적되었다. 당시에 이 행위를 끝장내기 위한 빈틈없는 행정적, 사법적 경계망이 마련되었고, 어린이 보호 또는 "위험에 노출되어 있는" 미성년자에 대한 온갖 후견 정책의 목적은 부분적으로 거주공간의 부족, 수상한 근접의 환경, 방탕의 습관, 미개한 "원시적 상태" 또는 유전적 퇴화 때문에 근친상간을 행한다고 의심되는 가족 밖으로 어린이나 미성년자를 빼내는 것이었다. 18세기부터 성생활의 장치는 부모와 자녀가 긴밀한 정서적 관계를 맺고 한데 부대끼며 살게 했고, 부르주아 가정에는 근친상간을 부추길지 모르는 환경이 상존한 반면, 서민 계층에 적용된 성생활의 체제는 근친상간 행위의 축출이나 적어도 다른 형태로의 전위轉位를 전제로 한다. 한편으로 근친상간이 응징해야 할 행위로서 추격당하는 시기에, 다른 한편으로 정신분석은 근친상간을 불가피한 욕망으로 들추어내고 근친상간으로 괴로워하는 사람들을 위해 근친상간의 가혹한 억압을 없애는 데 몰두한다. 오이디푸스의 발견10이 부권父權을 법적으로 약화시킨 조처(프랑스에서는 1889년과 1898년의 두 법률에 의해)와 동시대적이었다는 것을 잊어서는 안 된다. 프로이트가 도라11의 욕망이 무엇인가를 발견하고 그 욕망을 말하도록 허용한 시기에, 다른 사회 계층에서는 근친상간을 유발할 위험이 있는 그 모든 비난받을 만한 근접의 환경을 일소하기 위한 준비가 갖추어졌고, 아버지는 한편으로는 의무적 사랑의 대상으로 여겨졌지만 다른 한편으로는 딸의 애인일 경우 법에 의해 지위를 박탈당했다. 따라서 정신분석은 신중한 치료 행위로서, 이제 일반화되어 있는 성생활의 장치에서 다른 절차들에 비해 상대적으로 더 차별화 역할을 했다. 자신들의 성생활에 관심을 기울일 배타적 특권을 상실한 사람들은 이제 무엇이 성생활을 방해하는지 다른 사람들 이상으로 터득하고 억압을 없애게 해주는 방법에 정통할 특권을 갖는다.

고전주의 시대부터 전개된 것과 같은 성생활 장치의 역사는 정신분석의 고고학으로 유효할 수 있다. 실제로 우리가 이미 살펴보았듯이 이 장치에서 정신분석은 여러 가지 역할을 동시적으로 수행한다. 즉, 정신분석은 혼인관계의 제도에 성생활을 고정시키는 메커니즘이고,

---

10 * 오이디푸스 단계 또는 콤플렉스에 관한 프로이트의 발상은 1897년 10월로 거슬러 올라간다.

11 * 1900년부터 프로이트에게 정신병 치료를 받으러 온 여자로, 1905년 프로이트가 쓴 《히스테리 분석의 단장》에서 증례로 등장한다.

유전적 퇴화의 이론에 대해 반대의 입장으로 확립되며, 일반적인 성의 기술에서 차별화 요소로서 구실한다. 그토록 오랫동안 형성된 광범위한 고백의 요구는 정신분석을 중심으로 억압을 제거하라는 명령이라는 새로운 의미를 띤다. 진실의 책무는 이제 금기를 문제시하는 것과 깊이 연관되어 있다.

그런데 이로 인해 상당한 전술 변화의 가능성, 즉 성생활의 장치 전체를 일반화된 억압에 입각하여 재해석하고 이 억압을 일반적 지배 및 착취의 메커니즘에 결부시키며 한편으로는 억압과 다른 한편으로는 이 장치 및 메커니즘을 별개의 것으로 파악할 수 있게 해주는 과정들을 서로 연결할 가능성이 열렸다. 예를 들면 두 차례의 세계대전 사이에 라이히12를 중심으로 성의 억압에 대한 역사-정치적 비판이 형성되었다. 이 비판의 의미와 현실적 효력은 상당했다. 그러나 이 비판의 성공 가능성은 이 비판이 성생활의 장치 밖에서나 이 장치를 거슬러서가 아니라 언제나 이 장치 안에서 전개된다는 사실과 깊은 관계가 있었다. 라이히가 서양사회의 성적 행동에 대해 피력한 정치적 약속과 조건이 전혀 실현되지 않았는데도 서양사회의 성적 행동이 그토록 많이 바뀔 수 있었다는 사실은 그러한 성의 "혁명" 전체, 그 모든 "반反억압적" 투쟁이 광범위한 성생활의 장치에서 일어난 전술의 변화와 반전 이상의 것도 이하의 것도 아니었다는 점, 그리고 이 변화와 반전이 이

---

12 * Wilhelm Reich (1897~1957). 오스트리아의 의사, 정신분석가로서 1920년부터 빈의 정신분석협회에서 중요한 역할을 수행했다. 마르쿠제와 더불어 "성의 해방"을 주창한 이론가로서 《파시즘의 대중심리》(1933), 《성의 혁명》(1945) 등의 저서가 있다.

미 대단히 중요했다는 점을 입증하기에 충분하다. 더 나아가 우리는
왜 이 동일한 장치의 역사를 위한 격자, 또한 이 동일한 장치를 해체하
기 위한 변혁의 동력이 그러한 비판으로부터 도출될 수 없었는지 이해
할 수 있다.

제 5 장

죽음의 권리와
생명에 대한 권력

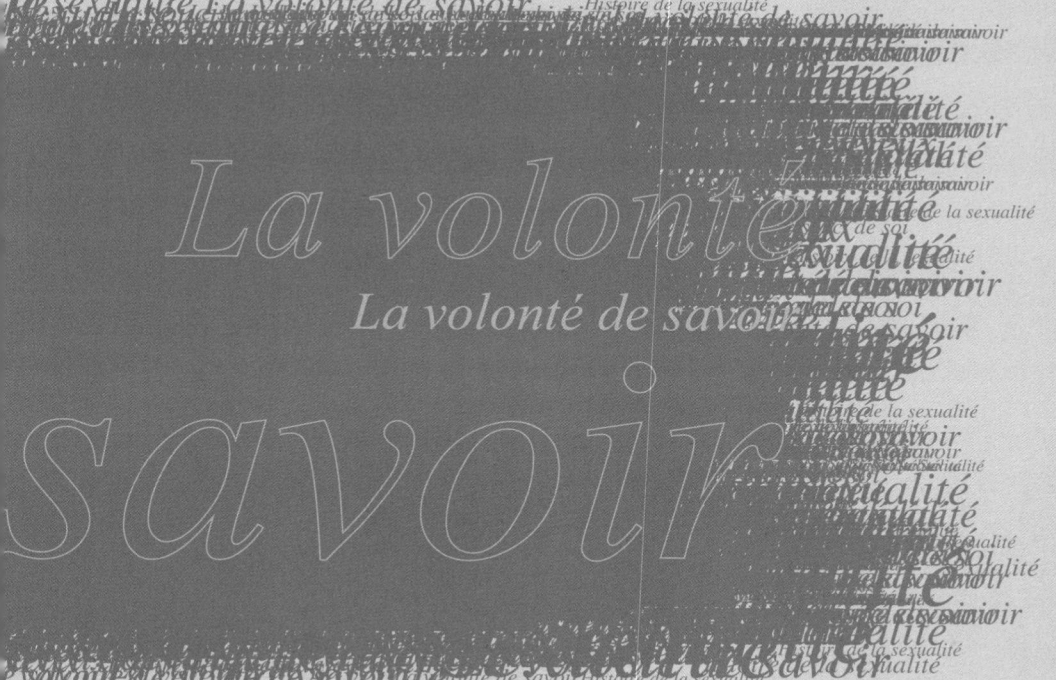

Histoire de la sexualité

오랫동안 군주의 권력을 특징짓는 특권의 하나는 생살여탈권生殺與奪權이었다. 아마 이것은 로마의 가부장家父長에게 있었을 것이 분명한 오래된 권리, 즉 노예뿐만 아니라 자식의 목숨까지 "마음대로 처분할" 수 있는 권한인 '파트리아 포테스타스'[1]에서 유래했을 것인데, 로마의 가부장은 노예와 자식에게 생명을 "베풀었고" 노예와 자식으로부터 생명을 거두어들일 수 있었다. 고전주의 시대의 이론가들이 말하는 그러한 생살여탈권은 이미 '파트리아 포테스타스'가 상당히 완화된 형태이다. 이제는 누구나 생살여탈권이 절대적으로나 무조건적으로 행사되는 것이 아니라 다만 군주의 생존 자체가 위태로워질 경우에만 군주로부터 신민臣民에게로 행사된다고 이해한다. 생살여탈권은 이제 일종의 재再항변권이다. 군주를 타도하거나 군주의 권리를 인정하려 들지 않는 외부의 적에 의해 군주가 위협받는가? 그렇다면 군주는 정당하게 전쟁을 벌이고 신민에게 국가의 방위에 참여할 것을 요구할 수 있고, "직접적으로 신민의 죽음을 꾀하지" 않으면서 합법적으로 "신민의 목숨을 좌지우지할" 권한을 갖는다. 이런 의미에서 군주는 신민에 대해 "간접적" 생살여탈권을 행사한다.[2] 그러나 만일 군주에게 항거하고 군주의 법을 위반하는 자가 신민의 한 사람이라면, 군주는 그의 생명에 대해 직접적 권력을 행사할 수 있다. 징벌의 명목으로 군주는 그를 죽이게 된다. 이렇게 이해된 생살여탈권은 더 이상 절대적 특권이 아니다. 이런 생살여탈권은 군주의 보호와 고유한 존속을 조건으로

---

1   * patria potestas. 라틴어로서 '가부장의 전권'이라는 뜻이다.
2   S. Pufendorf, *Le Droit de la nature* (trad. de 1734), p. 445.

갖는다. 이런 생살여탈권을 홉스처럼 각자가 타인의 죽음을 대가로 치르고 자신의 생명을 지킬 권리, 자연 상태에서라면 누구나 소유할 그러한 권리가 군주에게로 전환된 것으로 이해해야 할까? 아니면 군주라는 새로운 법적 존재의 형성과 함께 출현하는 특수한 권리로 간주해야 할까?3 어쨌든 생살여탈권은 상대적이고 제한된 근대적 형태이건 고대의 절대적 형태이건 비대칭적 권리이다. 군주는 죽일 권리를 행사하거나 죽일 권리를 보유함으로써만 생명에 대한 권리를 행사할 뿐이고, 그가 요구할 수 있는 죽음에 의해서만 생명에 대한 권력을 갖는다. "생살여탈권"으로 표명되는 권리는 사실 죽게 '하거나' 살게 '내버려둘' 권리이다. 요컨대 그것은 칼로 상징되었다. 그리고 아마 이러한 법적 형태를 역사적 유형의 사회에 연관시킬 필요가 있을 터인데, 그러한 사회에서 권력은 본질적으로 징수徵收의 심급, 절취截取 메커니즘, 일부의 부富를 자기 것으로 할 권리, 신민의 생산물, 재산, 봉사, 노동, 피에 대한 착취의 형태로 행사되었다. 거기에서 권력은 무엇보다도 물건, 시간, 육체, 마지막으로 생명에 대한 탈취권이었고, 생명을 탈취하여 없애는 특권에서 절정을 이루었다.

그런데 서양에서는 이러한 권력의 메커니즘이 고전주의 시대부터 크게 변화했다. "징수"는 더 이상 권력 메커니즘의 주된 형태가 아니고, 권력에 복종하는 세력에 대해 선동, 강화, 통제, 감시, 최대의 이

---

3 "화합물은 혼합되는 물질 중의 어떤 것에서도 발견되지 않는 특성을 지닐 수 있는 것과 마찬가지로, 풍속 공동체 역시 어떤 사인(私人)도 명백히 부여받지 못했고 지도자만이 행사하는 몇 가지 권리를 구성원들의 결합 자체에 힘입어 지닐 수 있다." Pufendorf, *loc. cit.*, p. 452.

용, 조직화의 기능을 하는 다른 부품들 사이에서 단지 하나의 부품, 즉 세력을 가로막거나 굴복시키거나 파괴하기 위한 것이라기보다는 오히려 세력을 만들어내고 늘리고 정리하기 위한 권력이 되는 경향을 띤다. 그때부터 죽음의 권리는 생명을 관리하는 권력의 요구 쪽으로 옮겨가거나 적어도 이 요구에 기대고 이 요구가 필요로 하는 것을 따르는 경향이 있게 된다. 군주가 자기 자신을 방어하거나 다른 사람들에게 지켜달라고 요구할 권리에 근거를 둔 이 죽음은 그저 사회체가 생명을 확보하거나 유지하거나 발전시킬 권리의 이면인 것으로 보이게 된다. 그렇지만 19세기부터 전쟁은 이전의 어떤 시대보다도 더 처참했고, 모든 차이를 감안하더라도 국민에 대해 그와 같은 대학살을 실행한 체제는 19세기 이전에는 결코 없었다. 그러나 이 무시무시한 죽음의 권력은 이제 생명에 대해 실제로 행사되는, 생명을 관리하고 최대로 이용하고 생명에 관해 정확한 통제와 전체적 조절을 실행하려 시도하는 권력의 보완물로서 주어지는데, 이 권력의 한계가 그토록 확장된 것은 아마 이러한 사실로 인해 이 권력이 힘과 파렴치破廉恥를 일정 부분 부여받기 때문일 것이다. 이제 전쟁은 보호해야 할 군주의 이름으로가 아니라 모든 이의 생명이라는 명목으로 행해지고, 국민 전체는 생존의 필요라는 명목으로 서로 죽이도록 훈련받는다. 살육은 사활이 걸린 문제가 되었다. 그토록 많은 체제가 그토록 많은 사람을 죽이게 하면서 그토록 많은 전쟁을 수행할 수 있었던 것은 바로 생명과 생존, 육체와 종족의 관리인管理人으로서의 역할 때문이다. 그리고 악순환의 고리를 완결하게 해주는 반전反轉에 의해, 전쟁의 기술이 전쟁을 철저한 파괴 쪽으로 선회하게 하면 할수록, 실제로 전쟁을 개시하거나 끝내는 결정은 점점 더 적나라赤裸裸한 생존의 문제에 맞춰 내려진다. 오늘날 원자핵의 상황은 이와 같은 과정의 귀착점이다. 즉, 어느 한 국민을 전반적 죽음의 위험에 노출시키는 권력은 또 다른 국민에게 생존의 지속을 보장하는 권력의 이면이다. 전투의 전술을 뒷받침하는 원리, 즉 살아남을 수 있기 위해 죽일 수 있어야 한다는 원리는 국가 간 전략이 되었지만, 문제되는 실재는 더 이상 주권의 법적 실재가 아니라 국민의 생체적 실재이다. 민족의 말살이 정말로 근대적 권력의 꿈인 것은 오래전부터의 죽일 권리가 오늘날 다시 행사되기 때문이 아니라, 권력이 생명, 종種, 종족, 대규모적 인구현상의 차원에 자리 잡고 행사되기 때문이다.

나는 또 다른 층위에서라면 사형死刑을 예로 들 수 있었을 것이다. 사형은 전쟁과 함께 오랫동안 검劍의 권리가 되는 또 다른 형태였고, 군주의 의지, 법, 인격을 침해하는 사람에 대한 군주의 대응이었다. 형장刑場에서 죽는 사람은 전쟁터에서 죽는 사람의 경우와는 반대로 갈수록 수가 줄어들었다. 그러나 후자가 더 많아지고 전자가 더 드물어진 것은 동일한 이유 때문이다. 권력이 생명의 관리를 기능으로 갖추었을 때부터, 사형의 실행이 점점 더 어렵게 되는 것은 인도주의적 감정의 출현 때문이 아니라 권력의 존재이유와 권력행사의 논리 때문이다. 권력의 주된 역할이 생명의 보장, 유지, 강화, 증대, 조직화라면, 어떻게 권력의 가장 큰 특권이 사형의 집행을 통해 행사될 수 있겠는가? 이와 같은 권력의 경우에 사형의 집행은 한계이고 동시에 추문이자 모순이다. 그래서 사형집행은 터무니없는 범죄 자체보다는 극악무도하고 교정 불가능한 범죄자와 사회보호를 명분으로 내세움으로써만 유지될 수 있었다. 다른 사람의 생명을 위협하는 사람을 죽이는 것은 합법적이다.

죽게 '하든가' 살게 '내버려두는' 오래된 권리가 살게 '하거나' 죽음 속으로 '몰아가는' 권력으로 대체되었다고 말할 수 있을지 모른다. 죽음에 수반된 관례가 효력을 상실한 최근의 상황에서 읽어낼 수 있는 죽음의 가치하락은 아마 이런 식으로 설명될 것이다. 사람들이 죽음을 피하기 위해 기울이는 노력은 우리 사회에서 죽음을 견딜 수 없게 만들지 모르는 새로운 불안보다는 오히려 권력절차가 줄곧 죽음에 등을 돌렸다는 사실과 깊은 관계가 있다. 죽음은 한 세상에서 다른 세상으로 통과하는 것이면서 동시에, 현세現世의 지배력보다 훨씬 더 강력한 다른 지배력이 현세의 지배력을 대체하는 현상이었고, 죽음을 둘러싸는 호사豪奢는 정치적 의례儀禮의 영역에 속했다. 권력이 발판을 확립하는 것은 이제 생명에 대해, 생명의 전개를 따라서이고, 죽음은 생명의 한계, 생명에서 벗어나는 계기, 삶의 가장 내밀한 지점, 가장 "사적인" 지점이 된다. 예전에는 이승의 지배자이건 저승의 지배자이건 군주만이 행사할 수 있는 죽음의 권리를 침해하는 방식이기에 범죄였던 자살이 19세기에는 사회학적 분석의 영역으로 들어간 최초의 행위들 가운데 하나였다는 점에 놀랄 이유가 없는데, 생명에 대해 행사되는 권력의 경계와 틈새에서 개인적이고 사적인 죽을 권리가 출현한 것은 자살 덕분이다. 그토록 기이하면서도 그토록 당연하고, 발생의 측면에서 그토록 지속적이고 따라서 개인의 특별한 사정이나 사고로는 그다지 명확하게 설명되지 않는 이 죽으려는 고집은 생명의 관리가 정치권력의 책무로 대두된 사회에 최초로 경악의 감정을 불러일으키는 현상들 중의 하나였다.

　구체적으로 생명에 대한 권력은 17세기부터 두 가지 주요한 형태로 전개되었다. 그것들은 서로 상반되는 것이 아니라, 오히려 매개관계들의 다발 전체에 의해 연결되는 두 가지 전개의 극極이다. 먼저 형성된 듯한 극의 중심은 기계로서의 육체였다. 육체의 조련調練, 육체적 적성의 최대화, 육체적 힘의 착취, 육체의 유용성과 순응성의 동시적 증대, 효과적이고 경제적인 통제체제로의 육체의 통합, 이 모든 것은 '규율'을 특징짓는 권력절차, 즉 '인체의 해부-정치'4에 의해 보장되었다. 다소 늦게 18세기 중엽에 형성된 두 번째 극의 중심은 종種으로서의 육체, 생명체의 기계론에 의해 검토되고 생물학적 과정에 대해 매체의 구실을 하는 육체, 즉 증식, 출생률과 사망률, 건강 수준, 수명, 장수長壽와 더불어 이것들을 변화시킬 수 있는 조건이다. 이것들을 떠맡는 것은 일련의 개입과 '조절하는 통제' 전체, 즉 '인구의 생체-정치'5이다. 생명에 대한 권력의 조직화는 육체의 규율과 인구의 조절이라는 두 가지 극을 중심으로 전개되었다. 양면을 지닌, 즉 해부학적이고 생물학적이며, 개별화하고 명시하며, 육체의 수행능력 쪽으로 향하고 생명의 과정 쪽으로 눈을 돌리는 이 광범위한 기술이 고전주의 시대에 정립되었다는 점에서 이제부터 권력의 가장 중요한 기능은 아

4　* anatomo-politique du corps humain. 생명에 대한 권력행사 방식에 역점을 둔 조어 (造語) 이다.

5　* bio-politique de la population. '인구' 대신에 '주민' 또는 '국민'의 '생체-정치'로 옮겨도 무방할 것이다. '인체의 해부-정치'와 '인구의 생체-정치'는 둘 다 생명에 대한 권력의 양상이지만 서로 차원이 다르다.

마 죽이는 것이 아니라 생명을 온통 에워싸는 데 있을 것이다.

최고 권력을 상징하던 죽음의 오랜 지배력은 이제 육체의 경영과 생명의 타산적 관리로 은밀하게 옮겨간다. 다양한 규율, 가령 초등학교, 중등학교, 병영, 일터가 고전주의 시대에 급속하게 퍼져 나가고, 또한 정치 행위와 경제 활동의 영역에서 출생률, 수명, 공중보건, 주거, 이주의 문제가 대두하며, 따라서 육체의 제압制壓과 인구의 통제를 획득하기 위한 다수의 다양한 기술이 폭발적으로 증가한다. 이 현상들을 통해 "생체-권력"6의 시대가 열린다. 생체-권력이 전개되는 두 가지 방향은 18세기에도 여전히 명확하게 분리된 것으로 보인다. 규율의 측면에서 생체-권력은 군대나 학교 같은 제도이고, 전술에 관한, 수련에 관한, 교육에 관한, 사회의 질서에 관한 성찰이며, 삭스 원수元帥7의 본질적으로 군사적軍事的인 분석에서 기베르8나 세르방9의 정치적 꿈으로 나아간다. 인구 조절의 측면에서 생체-권력은 인구 통계학이고, 자원과 주민 사이의 관계에 대한 추정推定, 부富와 부의 유통, 생명과 예견할 수 있는 수명의 도표화인데, 이는 케네,10 모

---

6 * bio-pouvoir. '생명에 대한 권력'의 다른 명칭이라고 말할 수 있다. 푸코에 의하면 이러한 권력의 시대에는 의외로 (사법적 권력의 실행자보다도) 의사가 핵심적 역할(선봉의 역할) 을 맡는다.

7 * Maréchal de Saxe (1696~1750). 프랑스의 무장(武將) 으로서 오스트리아 계승 전쟁에 임해 전략가로서의 명성을 떨쳤다.

8 * François Guibert (1744~1790). 프랑스의 전략가로서 《일반 전략론》(1773) 과 《근대적 조직의 옹호》(1778) 를 저술하여 나중에 나폴레옹의 근대적 전략에 커다란 영향을 끼쳤다.

9 * Servan de Jourbet (1741~1808) 는 프랑스의 장군으로서 "백과전서"를 위해 〈시민 병사〉(1781) 와 〈프랑스 군대의 양성 계획〉(1790) 을 썼다.

오, 11 쉬스밀히12가 주장한 내용이다. 관념, 기호, 개인 차원에서의 감각의 생성뿐만 아니라 사회 차원에서의 관심의 형성에 관한 이론으로서의 "관념학파" 철학, 13 사회체로의 입문뿐만 아니라 일정한 계약에 의한 사회체의 형성에 관한 학설로서의 관념학觀念學은 아마 이와 같은 두 가지 권력의 기술을 통괄하여 일반적 권력의 이론을 세우려는 추상적 담론일 것이다. 사실상 이 두 가지 권력 기술의 맞물림은 사변적 담론의 차원에서가 아니라, 19세기에 광범위한 권력의 기술을 구성하게 되는 구체적 배치들을 통해 이루어지게 된다. 가령 성생활의 장치는 그러한 배치들 중의 하나, 그것도 가장 중요한 배치들 중의 하나가 된다.

이 생체-권력은 틀림없이 자본주의의 발전에 불가결한 요소였을 것이고, 자본주의의 발전은 육체가 통제되어 생산기구로 편입되는 것을 대가로 치름으로써만, 인구현상이 경제 과정에 맞추어지는 것을 조건으로 해서만 보장될 수 있었다. 그러나 자본주의의 발전은 더 많은 것을 요구했고, 육체와 인구의 활용 가능성 및 순응성과 동시에 육체와

---

10 * François Quesnay1694~1774). 프랑스의 중농주의 경제학자.

11 * Moheau. 프랑스의 인구통계학자.

12 * Johann Peter Süssmilch (1707~1767). 《삶과 죽음과 유전에 관한 인류의 변화와 조절》(1761, 3권)을 펴낸 독일의 인구통계학자이다.

13 * 관념학파 또는 관념학은 18세기 말에서 19세기 초에 걸쳐 등장한 프랑스 철학의 한 유파이다. 이 유파의 대표적 학자로는 콩도르세(1743~1794), 라플라스(1749~1827), 피넬(1745~1826), 뱅자맹 콩스탕(1767~1830), 카바니스(1757~1808), 데스뛰트 드 트라시(1754~1836) 등을 들 수 있는데, 그들은 콩디약의 심리분석을 생리학에 연결시킴으로써 형이상학이 아니라 인간학을 세우려 했다.

인구의 성장, 또한 체력과 적성과 생명 일반을 최대로 이용할 수 있으면서도 이것들의 예속화를 더 어렵게 만들지 않을 권력의 방법을 필요로 했다. 권력 '제도'로서 발전한 커다란 국가기관들이 생산관계의 유지를 보장했다면, 사회체의 모든 층위에 현존하고 매우 다양한 제도(가족과 군대, 학교나 경찰, 개인의 의학이나 집단의 관리)에 의해 이용되는 권력 '기술'로서 19세기에 고안된 해부-정치 및 생체-정치의 기본 원리는 경제 과정, 경제 과정의 전개, 경제 과정에서 일하고 경제 과정을 떠받치는 세력의 층위에서 작용했고, 각 세력에 별도로 작용하면서 지배 관계와 패권 효과를 담보하는 사회적 차별화 및 위계화의 요인으로서도 효과가 있었다. 자본의 축적에 의거한 인력人力 축적의 조절, 생산력의 확대와 이윤의 차등적 배분에 대한 인간 집단의 긴밀한 관련은 다양한 형태와 방식으로 행사되는 생체-권력에 의해 일정 부분 가능해졌다. 살아 있는 육체의 투자, 살아 있는 육체의 중시, 살아 있는 육체의 힘에 대한 배분적 관리는 그 시기에 불가결한 것이었다.

누구나 알고 있듯이, 자본주의 형성의 맹아 단계에서 금욕주의적 도덕이 수행할 수 있는 역할의 문제는 수도 없이 제기되었지만, 18세기에 서양의 몇몇 나라에서 일어났고 자본주의의 발전과 깊은 관계가 있는 것은 육체의 신망을 떨어뜨리는 듯한 이 새로운 도덕과는 다른 현상이고 어쩌면 이 도덕보다 더 폭이 넓을 것이며, 정확히 생명이 역사에서, 정치 기술의 영역에서 다루어지게 되는 현상이었는데, 이 현상으로 내가 의미하는 바는 인간이라는 종種의 생명에 고유한 현상이 지식과 권력의 영역으로 들어갔다는 것이다. 이것은 그 시기에 생명과 역사의 접촉이 최초로 일어났다는 주장이 아니다. 역사적인 것에 대한 생물학적인 것의 압력은 이와는 반대로 수천 년 동안 계속해서 지극히 강했고, 전염병과 기근은 죽음의 별 아래 놓여 있는 이 관계의 두 가지 중대한 극적 형태였으며, 주로 농업 부분에서 이루어진 18세기의 경제발전, 인구의 증가를 촉진하면서도 인구의 증가보다 훨씬 더 급속한 생산성과 자원의 증대는 이 심각한 위협이 약간 완화되는 것을 가능하게 했다. 몇 차례 재발하긴 했지만 기아飢餓와 흑사병黑死病의 피해가 심각했던 시대는 프랑스 대혁명 이전에 막을 내리고, 죽음은 더 이상 생명을 직접적으로 공격하지 않기 시작한다. 이와 동시에 생명 일반에 관한 인식의 발전, 농업기술의 개량, 인간의 생명과 생존을 대상으로 하는 관찰과 조치가 이와 같은 완화의 동향을 일정 부분 촉진했다. 즉, 생명에 대한 상대적 제어制御는 임박한 죽음을 어느 정도 떨쳐버릴 수 있게 했다. 이런 식으로 획득된 작용 공간에서 권력과 지식은 여러 가지 방식으로 이 공간을 조직하고 확대하면서, 생명의 과정을 고려하고 생명의 과정에 대한 통제와 변화를 시도한다. 서양인은 생물계에서 살아 있는 종種이라는 것, 육체, 삶의 조건, 생명의 개연성, 개인의 건강과 집단의 활력, 변할 수 있는 체력, 체력이 최적의 방식으로 배분될 수 있는 공간을 갖는 것이 무엇인지를 점차로 터득한다. 아마 역사상 처음으로 생체적인 것이 정치적인 것에 반영되었을 것이다. 살아가는 행위는 더 이상 죽음의 우연과 숙명성 속에서 때때로 떠오를 뿐인 그 접근 불가능한 기반이 아니라, 지식의 통제와 권력의 개입이 이루어지는 영역으로 일정 부분 넘어가는 것이 된다. 이제 권력은 법적 주체, 즉 권력의 최종적 권한이 죽음인 법적 주체뿐만 아니라 생명체를 다루게 되고, 권력이 생명체에 대해 행사할 수 있는 지배력은 생명 자체의 차원에 놓이게 된다. 권력은 살해의 위협을 통해서라기보다는 오히려 생명을 떠맡음으로써 육체에까지 미치게 된다. 생명의 움직임과 역사의 과정을 서로 간섭하게 하는 압력을 "생체-역사"**14**라고 부를 수 있다면, 생명과 생명의 메커니즘을 명확한 계산의 영역으로 편입시키고 권력-지식을 인간 생명의 변화 요인으로 만드는 것을 지칭하기 위해서는 "생체-정치"라는 말을 사용해야 할 것인데, 이는 결코 생명을 지배하고 관리하는 기술에 생명이 완벽하게 통합되었기 때문이 아니다. 생명은 이 기술을 끊임없이 초월하는 것이다. 서양세계 밖에서는 실제로 기근飢饉이 예전보다 더 막대한 규모로 일어나고, 그래서 인류가 겪는 생물학적 위험은 아마 미생물학의 출현 이전보다 더 크고 아무튼 더 심각할 것이다. 그러나 사회의 "생물학적 근대성의 문턱"이라고 부를 수 있을 것은 인간 자신의 정치적 전략에서 종種으로서의 인간이 쟁점으로 대두되는 시기에 자리한다. 수천 년 동안 인간은 아리스토텔레스가 이해한 존재, 즉 살아 있고 게다가 정치생활을 영위할 수 있는 동물이었으나, 근대인은 이제 생명체로서 정치에 자신의 생명을 거는 동물이다.

　이러한 변화는 상당한 영향을 미쳤다. 당시에 과학 담론의 체제에서 일어난 단절, 그리고 생명과 인간에 대한 이중의 문제의식이 고전주의 에피스테메**15**의 질서를 가로지르고 재조정하게 된 방식을 여기에

14　* bio-histoire. 'bio-'는 일반적으로 어떤 학문이나 기법과 생물 또는 생체 사이의 관계를 가리킨다.

15　* épistémè. 어느 한 시대에 고유한 학문, 인식론적 형태, 실증성, 담론 실행의 양태 사이의 관계 전체를 의미하는데, 어쩌면 '패러다임'이라는 용어의 푸코적 해석

서 강조하는 것은 쓸데없는 일이다. 인간의 문제가 생명체로서의 특수성, 그리고 다른 생명체에 대한 관계 아래 드러나는 특수성의 측면에서 제기된 이유는 역사와 생명의 새로운 관련 양태에서, 즉 생명을 생체의 주변으로서의 역사 외부에 놓고 동시에 지식과 권력의 기술이 스며든 인간의 역사성 내부에 두는 이중의 입장에서 모색되어야 한다. 정치 기술이 무수히 생겨나는 현상을 강조하는 것도 역시 쓸데없는 일인데, 정치 기술은 이러한 변화를 시발점으로 하여 육체, 건강, 영양섭취 및 거주의 방식, 생활조건, 삶의 공간 전체를 둘러싸게 된다.

이 생체-권력의 확대로 인한 또 다른 결과는 사법제도에 손실을 초래할지 모르지만 어쨌든 규범의 작용이 점점 더 큰 중요성을 띠게 된점이다. 법은 무장하지 않을 수 없는데, 법의 전형적 무기는 죽음이고, 법을 위반하는 사람에게 법은 이 절대적 위협을 적어도 최후의 수단으로 이용한다. 법은 언제나 검劍에 의거한다. 그러나 생명을 떠맡는 것이 임무인 권력은 지속적으로 조절하고 교정하는 메커니즘을 필요로 하게 된다. 이 권력은 주권의 영역에서 죽음의 효력을 나타나게하는 것이 아니라, 살아 있는 사람을 가치와 유용성의 영역에 배치하는 것이다. 이 권력은 폭발적으로 많은 인명을 빼앗음으로써 드러나는 것이라기보다는 규정짓고 측정하고 평가하고 위계화하게 되어 있는 것이고, 군주의 적을 복종하는 신민으로부터 분리하는 선을 그을

이라고 말할 수도 있을 것이다. 《지식의 고고학》에 의하면 에피스테메는 "일정한 시대에 인식론적 형태, 학문, 경우에 따라서는 공리화된 체계를 낳는 담론 실행의 양태를 통일성 있게 연결할 수 있는 관계의 총체, 그리고 그 담론 구성체들 하나하나에서 인식론화, 과학성, 공리화로의 이행이 자리 잡고 일어나는 방식을 뜻한다."

필요가 없으며, 규범을 중심으로 배치를 실행한다. 내가 말하고자 하는 바는 법이 소멸한다거나 사법제도가 사라지는 경향이 있다는 것이 아니라, 갈수록 법이 규범처럼 작동하고 사법제도가 특히 조절 기능을 갖는 기관(의료, 행정 등)의 연속체에 갈수록 통합된다는 것이다. 규범화하는 사회는 생명에 중심을 둔 권력 기술의 역사적 결과이다. 우리가 18세기까지 경험한 사회에 비해, 우리는 법적인 것이 퇴보하는 단계로 들어섰는데, 프랑스 대혁명 이래 세계 전역에서 제정된 헌법, 작성되고 개정된 법전, 줄기차게 이어지는 떠들썩한 입법활동 전체에 현혹되어서는 안 된다. 그것들은 본질적으로 규범화하는 권력을 받아들일 만한 것으로 만드는 형태이다.

그리고 19세기에 새롭게 등장한 이 권력에 저항하는 세력도 권력이 에워싸는 것 자체, 다시 말해서 생명과 살아 있는 존재로서의 인간을 발판으로 삼았다. 지난 세기**16**부터 일반적 권력제도를 문제 삼는 커다란 투쟁은 더 이상 옛 권리로의 회귀라는 명분으로나 시대의 순환과 황금시대의 오랜 꿈에 따라 실행되지 않는다. 이제는 누구나 빈민貧民의 황제도 마지막 날의 왕국도 심지어는 조상 전래의 꿈으로 상상되는 정의의 회복마저도 기대하지 않는다. 요구되고 목적의 구실을 하는 것은 기본적 욕구, 인간의 구체적 본질, 인간이 지닌 잠재성의 실현, 가능한 것의 충만함으로 이해된 생명이다. 유토피아가 문제인지 아닌지는 별로 중요하지 않고, 누구나 거기에서 매우 실제적인 투쟁 과정을 경험하는데, 생명은 정치적 목적으로 이를테면 곧이곧대로 곧장

---

16 * 19세기를 말한다.

받아들여졌고 생명의 통제를 도모하는 제도에 맞서는 것이 되었다. 정치투쟁이 권리의 주장을 통해 표명된다 할지라도, 그럴 경우에도 정치투쟁의 쟁점이 된 것은 권리이기 훨씬 이전에 생명이다. 생명, 육체, 건강, 행복, 욕구의 만족에 대한 "권리", 모든 탄압이나 "소외"를 넘어 누구나 자신의 현재 모습과 가능한 모습을 발견할 권리, 고전주의 시대의 사법제도로서는 너무나 이해할 수 없는 이러한 "권리"는 이 모든 권력절차에 대한 정치적 응수였는데, 이 모든 권력절차도 또한 주권이라는 전통적 권리의 소관은 아니다.

‡

성性이 정치적 쟁점으로서 띠게 된 중요성은 이러한 배경에서 이해할 수 있다. 성은 생명의 정치 기술이 전개된 두 가지 축의 연결점인 것이다. 한편으로 성은 육체의 규율, 즉 훈련, 체력의 강화와 배분, 에너지의 조절 및 경제적 사용과 관계가 있다. 다른 한편으로 성은 인구조절의 영역과 관련하여 모든 총괄적 결과를 유도한다. 이처럼 성은 두 가지 층위로 동시에 편입되고, 아주 미세한 감시, 끊임없는 통제, 지극히 세심한 공간적 구획정리, 한없는 의료 또는 심리 검사, 육체에 대한 미시권력17을 야기하면서도 대대적 조치, 통계학적 추정, 사회체 전체 또는 전체적으로 검토되는 여러 집단을 겨냥하는 개입을 불러

---

17 * micro-pouvoir. 모세혈관처럼 퍼져 있는 권력 또는 자신도 모르게 자신의 육체 말단까지 퍼져 있는 권력으로 이해할 수 있다.

일으키기도 한다. 성은 육체의 생명과 동시에 종種의 생명으로 접근하는 수단이다. 사람들이 성을 규율의 모태와 조절의 원리로 이용한 것이다. 그래서 19세기에 성생활은 삶의 가장 사소한 세부에서조차 추적되고, 행동에서 탐지되고, 꿈속에서 탐색되고, 아무리 사소한 광기일지라도 그 아래에 가로놓여 있는 것으로 의심받고, 유년기의 처음 몇 해로까지 뒤쫓기고, 개성의 암호, 즉 개성을 분석하고 동시에 개성을 우뚝 세울 수 있게 해주는 것이 된다. 성생활은 또한 정치적 조작, (생식의 부추김 또는 억제에 의한) 경제적 개입, 도덕화 또는 책임감의 고취를 위한 이데올로기 캠페인의 주제가 된다. 즉, 생체의 활기만큼이나 정치의 에너지 역시 보여주므로, 한 사회가 갖는 힘의 지표로 내세워진다. 이러한 성의 기술에 따라 이것의 한 극에서 다른 극까지에는 육체의 규율이라는 목적과 인구의 조절이라는 목적을 여러 가지 비율에 따라 조합하는 일련의 다양한 전술 전체가 일정한 간격으로 배열된다.

두 세기 전부터 성에 관한 정책이 나아간 4가지 커다란 공격선攻擊線의 중요성은 이로부터 유래한다. 그것들 각각은 여러 가지 조절의 방법을 통해 규율의 기술을 마련하는 것이었다. 처음의 두 가지는 규율의 차원에서 효과를 얻기 위해 조절의 요구에, 즉 종種, 자손, 집단적 보건위생의 주제 전체에 기댔는데, 어린이에 대한 성적 특성의 부여는 종족의 건강을 위한 캠페인의 형태로 이루어졌고(18세기에서 19세기 말까지 이른 성생활은 나중에 성인이 되었을 때의 건강뿐만 아니라 사회와 인류 전체의 미래를 위태롭게 할 우려가 있는 위협으로 간주되었다), 여성의 히스테리화는 여성의 육체와 성을 치밀하게 의학의 영역으로 편입시킨 것으로서, 여성이 자녀의 건강, 가족제도의 지속성, 사회의 안녕에 대해 져야 할 책임의 이름으로 이루어졌다. 산아제한과 성도착性倒錯의 정신의학화에 작용한 것은 이와는 반대의 관계이다. 여기에서 개입은 조절하는 성격의 것이었지만, 개인의 규율과 훈련에 기대야 했다. 일반적으로 "육체"와 "인구"의 연결 지점에서 성은 죽음의 위협보다는 오히려 생명의 관리를 중심으로 조직되는 권력의 중심적 표적이 된다.

피는 오랫동안 권력의 메커니즘, 권력의 발현, 권력의 관례에서 중요한 요소였다. 혼인관계의 제도, 군주의 정치형태, 등급과 카스트에 의한 차별화, 가계家系의 가치가 지배적인 사회에서, 기근이나 전염병 또는 폭력으로 인해 죽음이 임박하게 되는 사회에서, 피는 본질적 가치의 하나인데, 피의 중요성은 피의 도구적 역할(피를 흘릴 수 있다는 것)과 동시에 기호의 영역에서 피가 맡는 기능(어느 정도 혈기가 왕성하다, 같은 피를 나누다, 자신의 피를 걸 용의가 있다), 또한 피의 불안정성(흘리기 쉽다, 고갈되는 경향이 있다, 너무나 빨리 뒤섞인다, 빨리 부패할 가능성이 있다)으로부터 기인한다. 피의 사회, 내가 쓰고 싶은 표현으로는 "다혈질"18 사회, 즉 전쟁의 명예, 기근의 공포, 죽음의 승리, 칼을 든 군주, 사형집행인, 형벌의 사회에서 권력은 피를 '통해' 말하고, 피는 '상징적 기능을 갖는 실체'이다. 우리는 "성"의 사회, 더 정확히 말해서 "성생활 위주의" 사회에 살고 있다. 이러한 사회에서 권력의 메커니즘이 겨냥하는 것은 육체, 생명, 생명을 급증하게 하는 것, 종

---

18 * sanguinité. 핏빛, 잔인성을 함축한다.

種19이나 종의 활력 또는 종의 지배역량이나 종의 활용 가능성을 강화하는 것이다. 건강, 자손, 종족, 인류의 미래, 사회체의 생명력 …. 권력은 성생활에 '관해' 성생활 '에게' 말하고, 성생활은 표지나 상징이 아니라 목적이자 표적이다. 그리고 성생활의 중요성을 이루는 것은 성생활의 희소성이나 불안정성이라기보다는 오히려 성생활의 규칙적 반복성, 성생활의 은밀한 현존, 성생활이 도처에서 자극되고 동시에 두려움을 불러일으킨다는 사실이다. 권력은 성생활을 디자인하고 선동하고 빠져나가지 못하도록 언제나 통제하에 붙들어두어야 할 증식하는 의미로 이용한다. 성생활은 '의미의 가치를 갖는 효과'이다. 나는 피가 성으로 대체된 변화만을 우리의 근대성이 시작되는 문턱으로 간주하려는 것이 아니다. 내가 설명하려고 꾀하는 것은 두 가지 문명의 정수精髓 또는 두 가지 문화 형태의 조직원리가 아니다. 나는 성생활이 현대 사회에서 억압되기는커녕 끊임없이 부추겨지는 이유를 찾고 있다. 우리 사회를 '피의 상징론'에서 '성생활의 분석론'으로 넘어가게 한 것은 바로 고전주의 시대에 구상되고 19세기에 사용된 새로운 권력절차이다. 누구나 알다시피 법, 죽음, 위반, 상징체계, 주권 쪽에 있는 것은 피이고, 성생활은 규범, 지식, 생명, 의미, 규율, 조절 쪽에 있는 것이다.

　사드와 최초의 우생론자들은 "다혈질"에서 "성생활"로의 이러한 변화와 시대를 같이한 사람이다. 그러나 인간의 완벽화에 대한 최초의 꿈은 피의 문제를 매우 속박적인 성의 관리(바람직한 결혼을 결정하고

19　* 동물종으로서의 인간 또는 인류를 지칭한다.

희구되는 생식능력을 권장하며 자녀의 건강과 장수를 보장하는 기술)로 온전히 기울어지게 하고, 새로운 종족관념은 통제 가능한 성의 효력만을 받아들이기 위해 피의 귀족적 특수성을 없애는 경향이 있는 반면, 사드는 철저한 성의 분석을 군주의 주권이라는 옛 권력의 극단적 메커니즘 안으로, 그리고 온전히 유지된 피의 오랜 위세 아래로 옮겨놓는데, 사드의 작품에서 피는 줄곧 쾌락을 따라 흐른다. 그것은 형벌과 절대권력의 피, 그 자체로 존중되지만 부모살해와 근친상간의 주요한 관례에 따라 참혹하게 흐르게 되는 카스트의 피, 서민의 혈관에 흐르는 피는 이름 붙여질 가치조차 없으므로 누구에 의해서나 가차 없이 흐르게 되는 서민의 피이다. 사드에게서 성은 규범도 없고 성 자체의 본질에 입각하여 명백히 표명될 수 있을지 모르는 내재적 규칙도 없이, 독불장군 같은 권력의 무한정한 법칙 아래 놓여 있다. 사드는 하루하루가 점진적으로 세심하게 통제되는 순서를 재미 삼아 정해보는데, 이 시도에 의해 성은 유일하고 적나라한 주권, 즉 전능한 잔혹성을 발휘할 무제한한 권리의 순수한 지점일 뿐이기에 이른다. 피가 성性을 흡수한 것이다.

사실상 성생활의 분석론과 피의 상징론은 원칙적으로 두 가지 별개의 권력체제에 속하지만, (그 권력들 자체와 마찬가지로) 겹침이나 상호작용 또는 반향反響 없이 차례로 이어지지는 않았다. 피와 법에 대한 관심은 거의 두 세기 전부터 갖가지 방식으로 성생활에 끊임없이 출몰했다. 이 간섭 현상들 중에서 두 가지는 주목할 만한데, 하나는 역사적 중요성 때문이고, 다른 하나는 이론의 문제를 제기하기 때문이다. 19세기 후반기부터 피의 주제는 성생활의 장치를 통해 행사되는 정치권력의 유형을 되살리고 온전한 역사의 밀도로 밑받침하기에 적합했다. 인종차별(국가에 의한 관리, 생물학화를 특징으로 갖는 근대적 형태의 인종차별)은 그 시점에서 형성된다. 식민植民, 가족, 결혼, 교육, 사회적 위계화, 소유에 관한 정책 전체와 육체, 행동, 건강, 일상생활의 차원에서 부단히 일어나는 긴 계열의 개입은 당시에 피의 순수성을 보호하고 종족을 승리하게 하려는 가공架空의 근심으로부터 색깔과 정당화를 부여받았다. 나치즘은 아마 피의 환상이 규율 권력의 절정絶頂과 가장 순진한, 그렇기 때문에 가장 교활한 방식으로 결합된 결과였을 것이다. 사회의 정연한 우생론적 배치는 미시권력의 확장과 강화를 내포할 수 있는 만큼, 무한한 국가관리를 구실삼아 우월한 피의 몽환적 고양高揚을 수반했으며, 이러한 고양은 다른 민족을 조직적으로 말살하고 동시에 스스로 전적인 희생에 노출될 위험을 내포했다. 그리고 피의 신화는 인간이 당분간 기억할 수 있는 최대의 학살로 변한 반면, 역사는 성에 관한 히틀러의 정책이 여전히 가소로운 방책이기를 바랐다.

정반대의 극단에서 우리는 그 동일한 19세기 말부터 성생활의 주제를 법, 상징적 질서, 주권의 체계에 재편입시키기 위한 이론적 노력을 추적할 수 있다. 일상의 성생활을 통제하고 관리하려는 확고한 의도가 있는 그러한 권력 메커니즘에서 찾아볼 수 있는 돌이킬 수 없이 확산적인 성격을 (그것도 정신분석의 탄생부터, 다시 말해서 정신분석이 유전적 퇴화의 신경-정신의학과 단절하면서부터) 의심한 것은 정신분석이나 적어도 정신분석에 있었을 수 있는 가장 초지일관한 것의 정치적 영광이다. 법, 즉 혼인관계, 금지된 혈족관계, 아버지-군주의 법을 성생활에 원리로 부여하려는, 요컨대 욕망을 중심으로 옛 권력의 영역 전체를 불러들이려는 프로이트의 아마 그와 동시대적인 인종차별의 광범위한 대두에 대한 반발로 인한) 노력은 이로부터 유래한다. 정신분석이 몇 가지 예외를 제외하고는 대체로 이론적으로나 실천적으로 파시즘과 대립하는 입장이었던 것은 이러한 노력 덕분이다. 그러나 이러한 정신분석의 입장은 분명히 역사적 상황과 깊은 관계가 있었다. 그런데도 법, 죽음, 피, 주권의 심급에 따라 성적인 것의 영역을 사유하는 것은 사드와 바타이유에 대한 참조가 어떠하건, 그들에게 요구되는 "전복"의 담보가 무엇이건, 결국 역사적 "후방-선회"일 수밖에 없을 듯하다. 성생활의 장치와 동시대적인 권력의 기술로부터 성생활의 장치를 사유해야 한다.

✝

나에 대해 다음과 같은 항의가 들려올 것이다. 나의 주장은 철저하다기보다는 오히려 성급한 역사주의에 빠져드는 것이고, 여러 가지가 있을 수 있겠지만 그래도 역시 취약하고 부차적이며 요컨대 피상적인 현상을 탐구하기 위해 생물학적으로 확고한 성적 기능의 실재를 회피하는 것이고, 마치 성이 존재하지 않는 듯이 성생활에 관해 말하는 것이라고들 비난할 것이다. 그리고 누구라도 나에 대해 다음과 같이 반박할 권리가 있을지 모른다.

"당신은 여성의 육체, 어린이의 삶, 가족관계, 그리고 사회관계의 넓은 망 전체에 성적 특성이 부여되어온 과정을 세밀하게 분석한다고 주장한다. 당신은 18세기부터 크게 고조된 그 성적 근심과 우리가 도처에서 성에 대해 갈수록 악착스럽게 의심을 품는 경향을 서술하고자한다. 인정하자. 그리고 권력의 메커니즘은 실제로 성생활을 억압했다기보다는 오히려 한껏 부추기고 '자극했다'고 가정하자. 그러나 당신은 당신 자신과는 별개라고 생각할지 모르는 것과 여전히 매우 가깝고, 사실상 성생활의 확산, 정착, 고정 현상을 보여주고, 사회체에서'성감대性感帶'의 조직화라고 불릴 수 있을지 모르는 것을 보게 만들려시도한다. 당신이 행한 일이라고는 정신분석이 개인의 차원에서 명확히 찾아낸 메커니즘을 확산시킨 것일 뿐일지도 모른다. 그러면서도당신은 그 성적 특성의 부여를 이루어지게 할 수 있었고 정신분석이무시하지 않는 것, 즉 성을 배제한다. 프로이트 이전에는 누구나 성생활을 가능한 한 좁은 곳에, 즉 성性에, 성의 생식기능에, 해부학적으로 결정되는 성의 직접적 부위에 한정하고자 애썼고, 생물학적 최소한도, 즉 기관, 본능, 합목적성으로 선회했다. 당신은 정반대 입장을견지한다. 당신에게는 매체媒體 없는 결과, 뿌리 없는 가지, 성 없는성생활만이 남아 있을 뿐이다. 당신의 경우에도 여전히 거세去勢는 존재한다."

이 지점에서 두 가지 문제를 구별할 필요가 있다. 한편으로 성생활을 "정치적 장치"로서 분석하는 것은 필연적으로 육체, 해부학적 구조, 생물학적인 것, 기능적인 것의 누락을 전제하는 것일까? 누구나이 첫 번째 의문에 대해 아니라고 대답할 수 있다고 나는 생각한다. 어쨌든 이 연구의 분명한 목적은 어떻게 권력의 장치가 육체, 즉 기관, 기능, 생리적 과정, 감각, 쾌락과 직접적으로 맞물리는가를 보여주는 것이고, 이 연구에서는 육체가 지워져야 하기는커녕, 생체적인 것과 역사적인 것이 옛 사회학자들의 진화론에서처럼 잇따르지 않는 분석을 통해, 달리 말하면 생명을 표적으로 삼는 근대적 권력의 기술이 발전함에 따라 복잡성이 증대하는 가운데 생체적인 것과 역사적인 것이 서로 연결될 분석을 통해 육체를 나타나게 하는 것이 중요하다. 따라서 이 연구는 육체가 인식되고 의미와 가치를 부여받는 방식에 의해서만 육체를 고려할 "심성心性의 역사"[20]가 아니라, 육체에 있는 가장 물질적이고 가장 활기찬 것이 에워싸인 방식과 "육체에 관한 역사"가 될 것이다.

첫 번째 문제와 뚜렷이 구분되는 또 다른 문제는 다음과 같은 것이다. 그러므로 우리가 기준으로 삼는 이 물질성은 성의 물질성이 아닐까? 또한 성이 추호도 문제되지 않는데도 육체의 차원에서 성의 역사를 쓰고자 하는 데에는 모순이 있지 않을까? 요컨대 성생활을 통해 행사되는 권력은 전형적으로 "성性"이라는 그 현실의 요소, 즉 성 일반을 겨냥하지 않을까? 권력에 대해 성생활은 권력이 강요될 외부 영역이 아니라 반대로 권력의 배치가 낳는 결과이자 권력의 배치를 위한 수단이라는 주장은 여전히 인정할 만하다. 그러나 성은 성생활에 대해서는 성생활의 효력이 배분되는 중심인 반면에 권력에 대해서는 "타자他者"가 아닐까? 그런데 우리가 검토하지 않고서는 받아들일 수 없는 것은 바로 성 '에 대한' 이와 같은 관념이다. 현실 속에서 "성"은 "성생활"

---

20 * histoire des mentalités. 프랑스 '아날학파'에서 사회사나 문화사를 연구하기 위해 내세우는 장기지속의 관점에 의거한 역사서술 방식.

의 발현을 떠받치는 정착 지점일까, 아니면 성생활의 장치 내부에서 역사적으로 형성된 복잡한 관념일까? 아무튼 이와 같은 "성의" 관념이 갖가지 권력의 전략을 가로질러 어떻게 형성되었고 어떤 특정한 역할을 수행했는가를 밝힐 수 있지 않을까 한다.

19세기부터 성생활의 장치가 확대된 주요한 노선을 따라 우리는 육체, 기관, 신체에서 위치가 결정된 부위, 기능, 해부-생리학적 체계, 감각, 쾌락과는 다른 것, 이것들과 다를 뿐만 아니라 이것들을 넘어서는 어떤 것, 자신의 내재적 특성과 고유한 법칙을 갖는 어떤 것, 즉 성이 실재한다는 이 관념의 형성을 목격할 수 있다. 가령 여성의 히스테리화 과정에서 "성"은 3가지 방식으로, 즉 남자와 여자에게 공통적으로 속하는 것, 전형적으로 남자에게만 속하고 따라서 여자에게는 없는 것, 또한 여자의 육체를 전적으로 생식기능에 종속시키고 이 동일한 기능의 효력에 의해 여성의 육체를 끊임없이 교란시키면서 단독으로 여성의 육체를 구성하는 것으로 규정되었고, 이러한 전략에서 히스테리는 "이것"이면서 동시에 "저것"이고 전체이면서 동시에 부분이며 기본 요소이면서 동시에 결여缺如인 바로서의 성이 수행하는 작용으로 해석된다. (해부학적 구조 때문에) 현존하고 (생리학의 관점에서는) 부재하며 또한 활동을 고려하면 현존하고 생식이라는 궁극목적에 기준을 둔다면 결핍된 성, 또는 실제적으로 표면화되지만 나중에야 병리학적으로 심각한 것으로 나타날 뿐인 결과에 의해 감추어지는 성의 관념은 어린이에게 성적 특성을 부여하는 과정에서 만들어지고, 따라서 성인에게 어린이의 성이 여전히 현존하는 것은 성인의 성을 무력화하는 경향이 있는 은밀한 인과관계의 형태 아래에서이며(성의 조숙성早熟性이 나중에 생식불능, 성불구, 불감증, 쾌락에 대한 감성의 상실, 감각의 마비를 초래한다고 추정하는 것은 18~19세기 의학의 독단적 신조들 가운데 하나였다), 현존과 부재, 감춰진 것과 명백한 것 사이의 본질적 상호작용에 의해 표출되는 성의 관념도 역시 어린이에게 성적 특성을 부여하면서 성립되었는데, 수음手淫은 이것의 탓으로 간주되는 결과와 더불어 전형적으로 현존과 부재, 명백한 것과 감춰진 것 사이의 이 상호작용을 드러낼지 모른다. 성도착의 정신의학화에서 성은 생물학적 기능, 그리고 성에 "방향", 다시 말해서 궁극목적을 부여하는 해부-생리학적 기구와 결부되었고, 또한 본능과 관련되기도 했다. 이 경우에 본능은 집착의 대상에 따라 성도착적 행동의 발현을 가능하게 하고 성도착적 행동의 기원을 이해할 수 있게 만들고, 따라서 "성"은 기능과 본능, 궁극목적과 의미의 뒤얽힘에 의해 규정되고, 다른 어떤 것에서보다도 "페티시즘"21에서, 즉 1877년부터 다른 모든 일탈의 분석에 대해 길잡이의 구실을 한 이 전형적 성도착에서 더 분명히 이러한 형태로 나타났다. 그 이유는 페티시즘이 역사적으로 신봉되고 생물학적 부적합 같은 것으로 이해되면서 명백하게 대상에 대한 본능의 고착으로 해석되었다는 데 있다. 끝으로 생식행동의 사회관리화에

---

21 * fétichisme. 여성 환자가 자신에게 없는 남근의 대체물로 욕망의 대상(마스코트)을 설정함으로써 양성의 차이를 부정하는 성적 일탈인데, 페티시즘의 이론은 1927년 S. 프로이트에 의해 체계적으로 확립된다. 그에 의하면 페티시즘은 여성 생식기의 자각과 거기에서 유래하는 거세의 번민에 대한 유아기의 태도를 유지하는 데에서 기인한다. 거기에는 심리적 방어와 그 남근 결여에 대한 항구적 인식이라는 이중적 태도가 들어 있다.

서 "성"은 현실의 원칙(이것의 가장 직접적이고 가장 노골적인 형태는 경제적 필요이다)과 이것을 무시하지는 않아도 언제나 왜곡하려고는 하는 쾌락의 구조 사이에 붙들려 있는 것으로 묘사되고, 가장 유명한 "부정행위"인 "코이투스 인테룹투스"22는 현실의 심급이 쾌락을 끝장내도록 속박하고 쾌락이 어쩔 수 없는 현실 경제에도 불구하고 여전히 합법화될 수 있게 되는 지점을 가리킨다. 이는 누구나 알고 있는 바인데, 갖가지 전략을 통해 이러한 "성의" 관념을 확립하는 것은 바로 성생활의 장치이고, 이 관념은 히스테리, 수음, 페티시즘, 질외 사정의 4가지 주요한 형태를 띠고서 성생활의 장치를 전체와 부분, 원칙과 결함, 부재와 현존, 과잉과 결핍, 기능과 본능, 궁극목적과 의미, 현실과 쾌락의 상호작용 아래 놓여 있는 것으로 보이게 만든다. 이런 식으로 성에 관한 일반 이론의 틀이 점차 형성되었다.

그런데 이렇게 생성된 그 이론은 성생활의 장치 속에서 몇 가지 기능을 수행함으로써 성생활의 장치에 불가결한 것이 되었다. 특히 3가지 기능이 중요했다. 우선 "성"의 관념은 해부학적 요소, 생물학적 기능, 행동, 감각, 쾌락을 인위적 통일성에 따라 모을 수 있게 해주었고, 이 허구적 통일성을 인과의 원칙, 편재하는 의미, 도처에서 발견해야 할 비밀로서 구실할 수 있게 했다. 따라서 성은 유일한 기표記標와 동시에 보편적 기의記意로서 작용할 수 있었다. 게다가 성은 해부학적 구조와 동시에 결함으로서, 기능과 동시에 잠재성으로서, 본능과 동시에 의미로서 단일하게 간주됨으로써, 인간의 성생활에 관한

---

22 * coïtus interruptus. '질외 사정'의 뜻이다.

지식과 생식에 관한 생물과학 사이의 접촉선接觸線을 표시할 수 있었고, 그렇게 되어 전자는 몇몇 불확실한 유비類比와 몇몇 이식된 개념을 제외하면 사실 후자에게서 어떤 것도 차용하지 않으면서도 인접의 특권 때문에 준準과학성의 보증을 부여받았지만, 이 동일한 인접 때문에 생물학과 생리학의 일부 내용이 인간의 성생활에 대해 정상성의 원리로 구실할 수 있었다. 끝으로 성의 관념은 본질적인 반전反轉을 보장했다. 즉, 이 관념은 권력이 성생활과 맺는 관계의 표상을 전도顚倒시킬 수 있게, 그리고 성생활을 결코 권력과의 본질적이고 실증적인 관계 속에서 나타나는 것이 아니라 권력이 가능한 한 예속시키고자 하는 특수하고 환원 불가능한 심급에 뿌리박은 것으로 보일 수 있게 해주었고, 그렇게 되어 "성의" 관념은 사람들로 하여금 권력을 "권력"으로 만드는 것으로부터 눈을 돌려 권력을 단지 법과 금기로서만 사유할 수 있게 해준다. 성性, 우리의 눈에 우리를 지배하고 있는 것으로 보이는 이 심급, 우리가 보기에 우리의 현재 모습 전체 아래 감춰져 있는 듯한 이 비밀, 내보이는 권력과 감추는 의미에 의해 우리를 현혹하고 우리의 현재 모습을 알게 해달라는, 우리를 규정하는 것을 밝혀 달라는 우리의 요구를 받는 이 지점, 성은 아마 성생활의 장치와 이 장치의 작동에 필요하게 된 관념적인 지점에 지나지 않을 것이다. 권력과의 접촉면을 따라 부차적으로 성생활의 다양한 결과를 산출할지 모르는 자율적 성의 심급을 상상해서는 안 된다. 반대로 성은 권력이 육체, 육체의 물질성, 육체의 힘, 육체의 에너지, 육체의 감각, 육체의 쾌락을 장악함으로써 조직하는 성생활의 장치에서 가장 사변적이고 가장 관념적이며 가장 내면적인 요소이다.

"성"은 위에서 살펴본 기능들에 스며들고 이것들을 밑받침하는 또다른 기능을 한다고 덧붙일 수 있을지 모른다. 이번에는 성이 이론적이라기보다는 실천적 역할을 한다. 실제로 각자가 (성은 감춰진 요소이고 동시에 의미를 낳는 근원이므로) 자기 자신의 이해 가능성에, (성은 육체의 실재적이고 위협받는 부분이고 상징적으로 육체의 전체이므로) 자기 육체의 총체성에, (성은 개인이 살아온 내력의 특이성을 충동의 힘에 연결하므로) 자신의 정체성에 접근하기 위해 거쳐야 하는 것은 성, 즉 성생활의 장치에 의해 고정된 상상적 지점이다. 아마 오래전부터, 그리고 육신에 관한 기독교 교서의 시대에 이미 은밀하게 시작되었을 반전 때문에 이제 우리는 그토록 기나긴 시기 동안 광기狂氣로 간주된 것에서 우리에 대한 이해 가능성을, 오랫동안 육체의 낙인烙印이었고 상처와 같았던 것에서 우리의 충만한 육체를, 누구나 뭔지 모를 막연한 압력으로 인식한 것에서 우리의 정체성을 찾기에 이르렀다. 성이 여러 세기에 걸쳐 우리의 영혼보다 더 중요하고 심지어 우리의 생명보다 더 중요하게 되었다는 사실, 그리고 우리 각자의 마음속에 미세한 것으로 자리하고 있지만 고유한 밀도密度 때문에 다른 어떤 것보다도 더 중대해지는 이 비밀에 비하면 세계의 모든 수수께끼가 우리에게 너무나 가볍게 보인다는 사실은 이로부터 연유한다. 성생활의 장치로 인해 우리가 마음속으로 끌리게 되어 있는 파우스트의 계약23은 이제부터 다음과 같은 것이다. 즉, 성 자체를 얻기 위해, 성의 진실과 주권

23　* 파우스트가 메피스토펠레스와 맺은 계약으로서, 파우스트가 "만족한다"는 말을 하게 되면 메피스토펠레스는 파우스트의 목숨을 앗아가기로 되어 있다.

을 얻기 위해 생명 전체를 내놓는 것이다. 참으로 성은 죽음과 비길 만하다. 오늘날 죽음의 본능이 명백히 성에 스며들어 있는 것은 바로 이 점에서이지만, 우리는 이를 전적으로 역사적인 현상이라고 생각한다. 서양은 매우 오래전에 사랑을 발견하고는, 죽음을 받아들일 만한 것으로 만들기에 충분한 가치를 사랑에 부여한 반면, 오늘날에는 이 등가等價관계, 모든 등가관계 중에서 가장 값비싼 등가관계를 성이 자신의 권리로서 요구한다. 그리고 성생활의 장치는 권력의 기술로 생명을 에워싸게 해주는 반면, 성생활의 장치에 의해 드러나게 된 성이라는 허구적 지점은 거기에서 죽음이 으르렁거리는 것을 누구나 기꺼이 들으려 할 정도로 각자에게 상당히 강한 마력을 행사한다.

성생활의 장치는 "성"이라는 이 상상적 요소를 새로 만들어냄으로써, 가장 중요한 내적 작동 원리들 가운데 하나, 즉 성에 대한 욕망, 성을 소유하려는 욕망, 성에 이르고 성을 발견하고 해방하고 담론으로 조목조목 진술하고 진실로서 확립하려는 욕망을 불러일으켰다. 성생활의 장치에 의해 "성"이 바람직한 것으로 설정된 것이다. 성이 바람직하다는 바로 이 사실 때문에 우리 각자는 성을 인식하고 성의 원리와 권능을 뚜렷이 밝히라는 명령에 얽매이고, 성의 검劍은 광채를 우리가 우리의 모습이라고 생각하는 신기루처럼 우리 자신의 깊은 곳에서 떠오르게 하는 성생활의 장치에 우리가 사실상 묶여 있는데도, 스스로 온갖 권력에 대항하여 성의 권리를 주장한다고 믿기에 이른다.

"모든 것은 성性이죠." 《날개 달린 뱀》에서 케이트가 말했다. "모든 것은 성이라고요. 인간이 성을 힘차고 신성한 것으로 간직할 때, 그리고 세상이 성으로 가득 찰 때, 성은 무척 아름다운 것이겠죠. 성은 당신을 적시고 당신에게로 스며드는 햇볕 같아요."

그러므로 성의 역사를 성의 심급에 관련짓지 말고, 어떻게 "성"이 역사적으로 성생활에 종속되어 있는가를 보여줄 필요가 있다. 성을 현실 쪽에, 그리고 성생활을 불명료한 관념과 환상 쪽에 놓아서는 안 되는데, 후자는 역사적으로 실재하는 매우 구체적인 형상이고, 자체의 작동에 필요한 사변적 요소로 전자의 관념을 불러들였다. 성을 긍정하는 것이 권력에 대해 아니라고 말하는 것이라고 생각해서도 안 되는데, 왜냐하면 누구나 이와는 반대로 일반적인 성생활의 장치를 따라 살아가기 때문이다. 다양한 성생활의 메커니즘을 전술적으로 반전시킴으로써 권력의 발판에 대해 육체, 쾌락, 지식의 다양성과 저항 가능성을 내세우고자 한다면, 바로 이 성의 심급으로부터 벗어날 필요가 있다. 성생활의 장치에 대한 반격의 거점은 성-욕망이 아니라 육체와 쾌락임이 틀림없다.

‡

"과거에는 그토록 많은 활동, 특히 성적 활동, 사유와 이해에서의 어떤 진전도 병행되지 않는 그토록 단조롭고 진력나게 하는 반복이 있었다"고 D. H. 로렌스는 말했다. "지금 우리의 문제는 성생활을 이해하는 것이다. 오늘날 본능을 완전히 의식하고 이해하는 것은 성행위보다 더 중요하다."

아마 언젠가는 누구나 이런 말에 대해 의아하게 생각할 것이다. 누구나 다른 관점에서 보면 막대한 생산과 파괴의 도구를 발전시키는 데 그토록 열중한 문명이 시간을 들이고 한없는 참을성을 발휘해서 작금의 성에 관해 그토록 걱정스럽게 자문했다는 것을 잘 이해하지 못할 것이고, 적어도 대지, 별, 사유의 순수한 형식에서 이미 추구된 진실만큼 소중한 진실이 그쪽에 있다고 현재의 우리인 그 사람들이 믿었다는 것을 상기하면서 아마 쓴웃음을 짓게 될 것이며, 모든 것, 가령 우리의 담론, 우리의 관습, 우리의 제도, 우리의 법규, 우리의 지식에 의해 뚜렷이 드러나고 요란스럽게 추구되는 성생활을 우리가 어둠으로부터 끌어내는 체하는 데 기울인 악착스러운 노력에 놀랄 것이다. 그리고 왜 우리가 우리의 관심사들 중에서 가장 떠들썩한 것에 침묵의 법을 그토록 세우고 싶어 했는가 하고 자문할 것이다. 미래에서 회고적으로 바라보면 이 떠들썩함은 지나친 것으로 보일 수 있을 것이지만, 이 야단법석에서 말하기의 거부와 침묵의 명령만을 해독해내려고 할 뿐인 우리의 집요함은 이보다 훨씬 더 기이한 것으로 보일 수 있을 것이다. 누구라도 무엇이 우리를 그토록 주제넘게 만들 수 있었는가에 관해 자문할 것이고, 왜 우리가 매우 오래된 도덕을 거슬러 우리의 주장대로라면 성에 부여해야 마땅한 중요성을 최초로 성에 부여한 공적을 독차지하려고 했는가, 그리고 어떻게 우리가 20세기에 이르러 마침내 길고 가혹한 억압의 시대, 즉 부르주아 경제의 절대적 필요에 의해 연장되고 굴절되고 어색하고 좀스럽게 이용된 기독교 금욕주의의 시대로부터 해방되었다고 자랑스러워할 수 있었는가를 알아보려할 것이다. 그리고 오늘날 우리가 어렵게 제거된 검열의 역사를 보는 곳에서, 미래의 사람들은 오히려 성에 관해 말하게 하기 위해, 우리의 관심과 근심을 온통 성에만 쏟기 위해, 우리가 사실상 성생활에 대한 권력의 메커니즘에 순종하는데도 우리로 하여금 성도덕의 주권을 믿게 하기 위해 복잡한 장치가 여러 세기를 가로질러 서서히 대두된 과정을 간파할 것이다.

한때 프로이트와 정신분석에 가해진 범凡성욕주의라는 비난은 비웃음을 살 것이다. 그러나 정작 무모하게 보일 사람들은 아마 이와 같은 비난을 가한 사람들이라기보다는 오히려 이 비난이 마치 낡은 새치름함에 대한 두려움을 나타낼 뿐인 듯이 이 비난을 가볍게 무시해버린 사람들일 것이다. 실제로 전자의 사람들은 아무튼 매우 오래전부터 시작되었고 그들이 알아차리지 못한 사이에 이미 그들을 사방으로 둘러싸게 된 과정에 깜짝 놀랐을 뿐이고, 오래전부터 준비된 것을 오직 프로이트라는 심술궂은 악마의 탓으로만 돌렸으며, 일반적인 성생활의 장치가 우리 사회에 정착된 시기에 관해 잘못 생각했다. 그러나 후자의 사람들은 이 과정의 성격에 관해 오류를 범했고, 성에 부여해야 마땅할 터인데도 그토록 오랫동안 그렇게 되지 않은 몫을 마침내 프로이트가 갑작스런 반전에 의해 성에 되돌려주었다고 생각했으며, 프로이트라는 수호신이 18세기부터 지식과 권력의 전략에 의해 드러난 결정적 지점들 중의 하나에 성을 위치시켰다는 것, 그리고 성을 인식하고 담론의 대상으로 만들어야 한다는 오래된 명령이 고전주의 시대의 가장 위대한 구도자求道者들과 영성 지도자들의 경우에 못지않게 놀랍도록 효과적으로 프로이트에 의해 재개되었다는 것을 알아차리지 못했다. 일찍이 기독교에서 우리로 하여금 육체를 혐오하도록 만들기 위해 사용했다고 생각되는 무수한 방식이 흔히 언급되지만, 수세기 전부터 우리로 하여금 성을 사랑하도록 했고 성에 대한 우리의 인식을 바람직한 것으로, 성에 관해 이야기되는 모든 것을 귀중한 것으로 만들었고 또한 우리로 하여금 모든 수완을 발휘해서 성을 간파하도록 부추겼고 성의 진실을 끌어내야 할 의무에 우리를 얽어맸고 우리가 너무나 오랫동안 성을 무시했다고 해서 우리에게 죄의식을 불어넣은 그 모든 술책을 조금이나마 생각해 보자. 오늘날 놀라움을 일으킬 만한 것은 바로 이 모든 술책이다. 그리고 우리는 성생활의 장치를 밑받침하는 권력과 성생활의 책략이 어떻게 우리로 하여금 성의 비밀을 억지로 끌어내고 그 어둠에서 가장 진실한 고백을 교묘하게 탈취하는 무한한 책무에 헌신하게 할 정도로 우리를 이 준엄한 성의 군주제에 종속시켰는가를 아마 언젠가는 또 다른 육체 및 쾌락의 경제 때문에 아무도 이해할 수 없게 되리라고 생각해야 한다.

성생활의 장치는 우리로 하여금 우리의 "해방"이 문제라고 믿게 하는데, 바로 여기에 이 장치의 아이러니가 있다.

옮긴이 후기

20년 전에 초역하고 중간에 한 번 고쳤는데도 어색하다는 말이 여전히 들려왔다. 그러나 또다시 수정할 기회, "미지의 신들"인 독자들, 특히 젊은 독자들에게 속죄할 계기는 좀처럼 오지 않았다. 뭔가 꺼림칙한 데다가 홀가분하지 않은 느낌에 계속 시달렸다.

이번에도 역시 수정의 단초는 sexe와 sexualité이었다. 초판에서는 '성'과 '성적 욕망'으로 옮겼다가 재판에서는 '섹스'와 '성'으로 옮겼는데, 특히 '섹스'라는 용어가 문제되었다. 우리나라에서 이 용어는 영어의 영향 탓인지 모르지만 일반적으로 '성교'라는 구체적인 의미를 띠는 반면에 이 책에서는 매우 추상적인 관념으로 규정된다. 따라서 우리말의 상황을 고려하지 않은 이 음역音譯은 거의 오역에 가까운 것이다.

사실상 sexe와 sexualité는 일정 부분 의미장意味場이 겹친다. 이 점에서 다 같이 성이라 옮겨도(이해해도) 무방하다. 우리말에서 성性이

207

라는 낱말이 워낙 포괄적인 의미를 갖기 때문에 그렇게 해도 큰 문제
는 없다. 그렇지만 원본에서 이 두 낱말이 한 문장 안에 나타나는 경우
들이 있으므로 구분하여 번역하지 않을 수도 없다. 그래서 이번에는
전자를 '성'으로, 후자를 '성생활'로 옮겼다. 사실 sexualité라는 용어
의 가장 일반적인 의미는 성생활이다. 성적 본능 및 이것의 충족과 관
련된 개인의 행동과 사회의 현상 전체라는 사전적 의미를 포괄할 수
있는 우리말로는 성생활이 가장 적절하다.

그렇다고 문제가 완전히 해결된 것은 아니다. 그러면 《지식의 의
지》(제1권), 《쾌락의 활용》(제2권), 《자기 배려》(제3권)를 총괄하
는 제목을 '성생활의 역사'로 해야 하는가 하는 또 다른 문제가 떠오른
다. 결론적으로 말해서 그럴 수는 없다. 예전처럼 '성의 역사'가 맞다.
우선 이 용어는 19세기에야 사용되기 시작했는데, 1권은 그렇지 않다
해도 2, 3권은 고대의 사랑을 소재로 하기 때문이다. 따라서 더 포괄
적인 용어인 '성'으로 옮겨야 한다. 그리고 앞에서 언급했듯이 sex-
ualité는 sexe와 의미장이 겹친다. 그런 만큼 전자를 얼마든지 '성'으
로 옮길 수 있다. 이 경우에는 두 용어 사이에 관념성과 구체성이라는
내포의 차이밖에 없다. 끝으로 3권의 책이 모두 구체적인 성생활의 역
사도 성풍속의 역사도 아니기 때문이다. "성의 역사"에서 푸코의 일관
된 의도는 성에 대한 근대적 이해방식으로부터 새로운 지식-권력 개
념을 발견하는 것이고, (지고한) 주권적 주체의 환영幻影을 떨쳐 버리
기 위한 주체화의 개념과 이에 결부된 "생활의 미학"을 고대의 사랑에
입각하여 확립하는 것이다.

또 한 가지 수정의 단초는 savoir라는 용어였다. 한마디로 이것을

'앎'이라 옮긴 것은 잘못이다. 우선 권력과 운이 잘 맞지 않는다. 가령 제 1권의 제목은 니체의 《권력의 의지》에 대한 푸코 나름의 응답으로 간주될 수 있다는 점에서 '지식의 의지'로 옮기는 것이 옳다. 푸코는 권력의 의지, 나쁘게 말해서 '권력욕'이 인간에게 근원적이라는 니체의 테제에 이것보다 결코 덜 근원적이지 않은 지식의 의지, 달리 말하자면 '지식욕'이 권력욕에 동전의 앞뒤 면처럼 붙어 있다는 테제를 맞세우고 싶지 않았을까 하는 생각도 든다. 더구나 '앎'이라는 낱말은 그저 어떤 사실을 안다는 정도의 의미밖에는 느껴지지 않는다. 이 낱말에서는 과학성이나 체계성을 감지할 수 없는데, 사실 푸코에 의해 사용된 'savoir'는 이 두 가지 특성을 내포하고(적어도 지향하고) 있는 용어인 만큼 '지식'으로 옮기는 것이 훨씬 더 적절하다.

이 두 가지 수정의 단초로부터 시작하여 3가지 색깔의 필기구로 무수히 고치고 다듬었다. 잘된 '성형수술'일까? 적어도 덥혀 내놓은 식은 밥은 아닐 것이다. 수정작업을 마치고 후기를 몇 자 적으면서 이런 기대를 해보지만, 어쩐지 민망함을 떨쳐 버리기 어렵다. 또한 이제야 비로소 사전을 제대로 찾을 수 있게 되었다는 자부심도 은근히 들지만, 이와 동시에 너무 늦었다는 회한이 마음 한구석에 깃든다. 그래도 두 차례의 수정 덕분으로 이 책의 보잘 것 없는 제자가 되었다는 것만큼은 분명히 말할 수 있을 것 같다. 푸코의 철저한 회의주의적 태도, 어항 속의 물고기처럼 시대와 사회 속에서 살아가야 하면서도 사유에 의해 거기에서 벗어나 시대와 사회를 관찰하고 계보학적 고고학의 방법으로 과거의 현재적 의미를 읽어내는 자기의 이분화, 그리고 이를 통한 자기의 비인격화非人格化 또는 '순수한 정신이 되기'는 내게 하나의 전범典範으로 다가온다.

　동성애의 히스테리, 호메이니에 대한 옹호, 감옥정보그룹 활동, 사회당의 집권에 대한 반감, 민주주의와 인권에 대한 확신의 결여, 양성평등에 대한 불신, 낙태에 대한 찬성 등 어떤 관점에서는 논란의 여지가 있고 모순적이기까지 한 전기적 사실들에도 불구하고 오늘날 아직도 푸코가 우리에게 필요한 이유는 이것들과 '엄격하게 분리된' 사유의 열정, 무엇보다 우선한 빈틈없는 강의 준비, 힘겨운 글쓰기를 통한 "연장통"의 제시, 요컨대 죽은 자처럼 살아가는 모습에 기인한다. 이 특이한 푸코의 모습으로부터 나는 부득이 헛된 기대와 때늦은 회한을 물리치고 나를 가능한 한 분명하게 둘로 나누어 이중의 길로 매진할 용기를 얻는다.

2010년 11월

이 규 현

찾아보기

언론 의병장의 꿈

조상호(나남출판 발행인) 지음

제3판

언론출판의 한길을 올곧게 걸어온
나남출판 조상호의 자전에세이

출판을 통해 어떤 권력에도 꺾이지 않고
정의의 강처럼 한국사회의 밑바닥을 뜨거운
들불처럼 흐르는 어떤 힘의 주체들을 그리고 있다.

좌우이념의 저수지, 해풍 속의 소나무처럼
세상을 다 들이마셨다. –⟨조선일보⟩
한국 사회에 뿌린 '지식의 밀알' 어느새 2,500권.
–⟨중앙일보⟩

신국판·올컬러 / 480면 / 28,000원

나무 심는 마음

조상호(나남출판 발행인) 지음

제3판

꿈꾸는 나무가 되어 그처럼 살고 싶다.

나무를 닮고 싶고 나무처럼 늙고 싶고
영원히 나무 밑에 묻혀 일월성신을
같이하고 싶은 마음

언론출판의 한길을 걸어온 저자는 출판 외에도
다 담아낼 수 없을 만큼 쌓인 경험과 연륜이 있었다.
세상 사람들에게 깨달은 메시지를 전하고 싶었던
그는 나무처럼 살고 싶은 마음을 이 책에 담아냈다.

신국판·올컬러 / 390면 / 22,000원

숲에 산다

조상호(나남출판 발행인) 지음

제2판

질풍노도의 꿈으로 쓴 세상 가장 큰 책

출판사에서 3,500여 권 책을 만들고,
수목원에서 나무를 가꾼 40년 여정을 담다.

생명의 숲에서 개인적 회고로 시작한 기록은
출판사를 자유롭게 드나든 당대의 작가, 지성인들과
만나면서 문화사적 기록으로 확장된다.

신국판·올컬러 / 490면 / 24,000원

나남 nanam   Tel : 031-955-4601
www.nanam.net